인성과 소통

HUMANITY AND
COMMUNICATION

엄영란 · 오효정 · 이영선 · 지희진 공저

양 성 원

Prologue

당신이 오실 줄 알았습니다

여러분과의 만남
설레는 마음으로 기다리고 있었습니다

Prologue

인성은 보편적으로 받아들여지는 도덕적인 가치를 내면화한 상태를 반영하는 행동이며, 개인이 주체적으로 자아존중감을 가지고 자기표현을 정확히 하는 것을 의미합니다. 인성은 자기긍정성, 도덕성, 책임감 있는 행동으로 드러나며, 이러한 인성은 우리 사회가 안전하고 건강한 공동체를 위한 태도와 행동을 형성하게 하며, 건강한 공동체는 서로를 이해하고 공통성과 공감대를 만들어가는 의사소통 과정이 필요합니다. 의사소통은 자신의 욕구를 충족시키며 상대방과의 타협을 가능하게 하기 때문입니다

만약에 우리가 다른 사람들과 함께 더불어 살아가는 것에 대해 자신의 생각과 감정을 공유하는 의사소통이 부재한다면 어떤 일이 일어날까요? 의사소통은 공동체를 형성하고 유지 · 발전하는 데에 필수적이기 때문에 진정성 있는 자기표현과 타인에 대한 공감적 경청 능력이 필요합니다. 효과적인 의사소통을 위해서는 자신의 의견이나 감정, 욕구를 상대방에게 명확하게 전달함과 동시에 공감적 경청을 통해 상대방의 감정, 욕구, 바람을 반영하여 의사소통할 수 있어야 합니다.

『인성과 소통』은 이와 같은 인성개념에 기반하여 예비대학생, 대학생, 사회초년생, 직장인을 대상으로 자기긍정성, 도덕성, 책임감을 가지며, 공동체 안에서 원활한 의사소통을 향상시키는 데 목표를 두고 있습니다. 책은 크게 인성 및 소통에 대한 이해로 구성하였으며. 제1부 인성에 대한 이해 단원에서는 인성의 개념과 자아존중감을 다루었습니다. 제2부 소통에 대한 이해단원에서는 공동체 안

에서 소통을 중심으로 성과공유회, 마무리 성찰의 내용으로 이루어졌습니다. 각 단원은 해당 내용의 정의, 필요성 및 중요성, 구체적인 내용 그리고 활동 및 더 읽을거리로 구성되어 있기에 이 책을 통해 인성과 소통에 대해 이해하고, 구체적인 활동을 수행하길 바랍니다. 또한 일상생활에 적용하는 과정들 속에서 자신의 인성 수준을 파악하고 부족한 인성을 함양하여 공동체 안에서 친밀한 관계형성과 효과적인 의사소통을 해나가길 기대합니다.

이 책이 나오기까지 적지 않은 연구 시간이 소요되었습니다. 인성과 소통에 대한 역량을 개발하고, 진단하고, 평가하고, 교육하는 2년여 기간 동안 수고하신 모든 분들께 감사의 말을 일일이 전하지 못함을 양해해 주시기 바랍니다. 제일 먼저 이 책의 초안과 틀을 만들고 지속적인 아이디어로 교재개발을 애써주신 지희진 교수님 그리고 이 책이 나오기까지 늘 격려를 아끼지 않으셨던 학생성장교양학부장 최경애 교수님께 감사의 말씀을 올립니다. 마지막으로 이 책을 통한 독자 여러분들과의 만남을 기대하면 서문을 마칠까 합니다.

2022년 3월

저자 일동

차례

Chapter

01

인성과 대학생활

학습목표

1. 인성과 소통 교과목 개설 목적과 교과목 운영방법 및 평가방법을 인지한다.
2. 대학에서 인성에 집중하고 인성 교육을 하는 이유를 생각해 본다.

Warming-up

1. 인성과 소통 수업에서 필요한 마음가짐과 행동은 무엇이라고 생각하는가?

2. 인성과 소통 수업의 학점 평가는 어떻게 하는 것이 적절하다고 생각하는가?

3. 비로소 대학에서 인성 교육에 집중하는 이유는 무엇이라고 생각하는가?

수업운영을 위한 기본 원칙

우리 서로 지켜주며 존중해요

[학습자] 바른 수업 만들기 10계명

① 강의실에 들어오면서 따뜻한 인사로 소통을 시작하자
② 내가 먼저 와서 기다리자
③ 학습하기 좋은 자리에 앉자
④ 정수리나 모자 대신 반짝이는 두 눈을 보이자
⑤ 컨디션을 최고로 만들자
⑥ 학습 목표를 명확하게 하자
⑦ 모르면 질문하자
⑧ 조 토론이나 짝꿍과 대화를 많이 하자
⑨ 교수님을 신뢰하고 존경하자
⑩ 친구들을 배려하고 사랑하자

저는 아래 계명을 지키겠습니다

[교수자] 바른 수업 만들기 10계명

① 강의실에 들어오면 따뜻한 인사로 수업을 시작하자
② 학생의 의견을 존중하자
③ 수업 분위기를 불편하게 하는 학생은 방관하지 않고 엄격하게 훈육하자
④ 수업 준비는 충실하게 하자
⑤ 학습자들이 서로 대화하는 상호작용의 수업 방식으로 참여시키자
⑥ 평가는 공정하게 객관적으로 하자
⑦ 수업 시작하고 마치는 시간을 정확하게 지키자
⑧ 수업 내용이나 진행 방법에 대해 학생 의견을 경청하자
⑨ 수업의 평가 및 출결석 사항의 평가를 학생들과 공유하고 협의하자
⑩ 학생들을 배려하고 사랑하자

Activity 1

1. 우리 조원들이 궁금합니다. 각자 소개 후 조장을 선출합시다.

이름이 궁금해요	학부/전공이 궁금해요	어디 살아요	연락처가 궁금해요	조원들에게 하고 싶은말

정리하기

1. 인성 교육이 왜 필요한가? 짝꿍에게 설명하여 보자.

2. 나는 대학생으로서 올바른 인성 형성을 위해서

- 나는 어떤 인간이 되어야 하는가?

- 나는 어떤 가치의 삶을 살아야 하는가?

- 나는 어떤 행동을 해야 하는가?

MEMO

Chapter

02

공동체 안에서의 인성

학습목표

1. 인성의 개념과 품성으로서의 인성을 이해하고 인성의 필요성을 인지한다.
2. 더불어 산다는 것이 어떤 의미가 있는지 생각해 봄으로써 한 구성원으로서 갖추어야 할 참된 공동체 정신을 함양한다.

Warming-up

1. 더불어 산다는 것은 어떤 의미라고 생각하는가?

2. 이웃과 더불어 살아가는 데 있어서 가장 중요한 3가지는 무엇이며, 그 이유는 무엇인가?

3. 공동체 일원으로서 갖추어야 할 덕목이 있다면 무엇이라고 생각하는가?

1. 인성의 개념

1) 인성과 성품

인성(人性, character)에 대한 사전적 정의는 사람의 성품, 각 개인이 가지는 사고와 태도 및 행동 특성이다. 인성이라는 용어는 추상적이고 포괄적인 개념을 가지고 있으며, 흔히 인품, 인격, 성격, 기질, 인간성, 됨됨이, 본성 등의 의미로 사용된다.

인성은 보편적으로 받아들여지는 도덕적인 가치를 내면화한 상태를 반영하는 행동이며, 개인이 주체적으로 자아 존중감을 가지고 자기표현을 정확히 하는 것을 의미한다.

이를 토대로 우리 사회의 기반이 되는 안전하고 건강한 공동체를 위한 태도와 행동을 형성하게 한다. 인성은 보다 긍정적이고 건전한 행동적 특성이라고 할 수 있다. 여기서 건전한 행동적 특성이란 존중하는, 도덕적인, 사회적인, 정서적인, 윤리적인 등을 내포하는 태도로, 개인과 사회에 긍정적인 영향을 주는 성품, 기질, 개성, 인격이다.

성품: 타고난 성질 또는 천품(天稟)을 나타내는 용어이며 한 인간의 총체적 및 전인적 인격 상태를 나타내는 개념

남성과 여성을 동시에 사람(人), 즉 인성은 사람이 태어나 어린이와 학생이라는 과정 속에서 자신의 생각과 행동의 기준이 되는 어른으로 완성된 상태이다. 이처

럼 인성이란 어린이가 성장하면서 완성된 인간의 모습을 갖추어가는 과정의 의미이다.

하늘이 명한 것을 성이라 하고 [天命之謂性]
성을 따라 행하는 것을 도라 하며 [率性之謂道]
도를 닦는 행위를 교라 한다 [修道之謂教]
–중용–

우주 만물의 하늘의 명대로 본래의 모습을 찾아가는 현상을 '성(性)'이라 하고, 성의 완성으로 안내하는 과정을 '도(道)'라 하며, 도를 닦도록 지원하는 모든 행위를 '교(教)'라 한다.

세상을 지배하는 단 하나의 법칙을 성이라고 주장하는 근거가 중용에 있다. 인간보다 높은 시각에서 내려다본 인간 생활을 포함한 우주 만물의 생성 원리가 바로 성인 것이다.

인간은 태어나 본능의 지배를 받는 어린이, 합리적으로 문제를 해결하기 위해 배우고 질문하여 지혜와 지식을 넓혀가는 학생, 사회에 진출해 자신의 능력을 발휘하는 사회인으로 정신적 변화와 역할의 변화를 거쳐야 비로소 어른이 된다. 중용에서의 도란 어린이, 즉 어리석은 아이가 이러한 과정을 거쳐 어른이 되어가는 과정을 의미한다.

2. 인성결정의 요인

개인은 누구나 고유의 양식으로 행동하며 그들 각자가 인성을 결정하는 상이한 요인을 가지고 있다. 이 요인들은 개인의 생물학적 특징, 개인이 살고 있는 환경, 개인 고유의 경험, 문화적 요인의 네 가지로 구분할 수 있다.

1) 생물학적 요인

인성의 결정 요인들 중에서 가장 분명한 것은 아마도 개인이 선천적으로 가지고 태어난 체질적 그리고 정신적 능력일 것이다. 뒤에서도 언급되겠지만, 그것이 분명하다고 해서 가장 중요한 것이라고 말할 수는 없다. 이것들은 흔히 '유전적' 또는 '선천적' 특성들이라고 불리고 있지만, 이런 식의 표현은 간혹 오해를 자아내기 쉽고, 다양한 식으로 해석되기도 한다. 여기서는 신체적 구조, 지능, 정신 · 신경학적 구성, 기형 또는 불구 등과 같은 신체적 결함의 유무 등이 포함된다.

인성에 직접 영향을 미치는 것으로 쉽게 발견될 수 있는 신체상의 형태적 요인들로는 신장, 체중, 신체적 외모 등이 있다. 난쟁이의 인성이 거인의 것과 같을 수는 없다. 그러나 우리는 체질적 특성에 대한 사회적 의미는 문화적으로 결정된다는 점을 명심해야 할 것이다. 간혹 우리는 백인들의 미인대회와 흑인들의 미인대회에서 그들 간에 가장 아름다운 여성을 보는 기준이 다르다는 점을 느낄 수가 있다. 또 어떤 문화에서는 비만형의 부인이 부와 사회적인 위세의 상징인 반면, 특히 서구사회에서는 여유 있는 상류층의 여인들은 살을 빼기 위해 온갖 노력을 다한다. 문화에 따라서 그런 체질적 특성들에 상이한 의미를 부여하고 있다.

연령과 성에 따른 역할의 차이도 생물학적 요인의 범주 속에서 고려되어야 할 것이다. 그러나 이것들도 역시 거기에 부착된 문화적 가치와 함께 고려되었을 때만 의미가 있다.

지금은 더 이상 받아들여지지 않는 이론이 되고 말았지만, 몇몇 심리학자들과 사회학자들은 신체상의 형태는 어떤 종류의 범죄와 의미 있는 상관관계가 있다는 주장을 한 바 있다. 이런 주장들은 과학적 증거들에 의해서 더 이상 뒷받침되고 있지 않으며, 문화와 인성의 분야에 종사하는 인류학자들은 대체로 이런 주제를 가치 있는 연구 분야로 간주하지도 않고 아예 무시해 버리고 있다.

그러나 어떻든 간에 각 개인은 생물학적 특징에 있어서 고유한 것은 사실이고, 이것은 그의 성격 형성에 하나의 기초를 제공해 주고 있음은 부인할 수 없는 사실이다. 그러나 이것은 특정의 신체적 특징을 가진 사람이 반드시 어떤 형의 인성을 가지게 된다는 것을 의미하는 것은 결코 아니다. 인성의 형성에는 이 외에도 더 많은 요인이 작용하고 있어서 그것들 간의 상호작용의 결과로 하나의 인성이 표출되는 것이다.

2) 자연환경

19세기의 몇몇 인류학적 지리학자들은 자연환경과 관련하여 국민성을 설명하려고 시도하였다. 예컨대 산악지대에 사는 사람들은 거칠고 개인주의적이며, 온화한 기후 지역에 사는 사람들은 창조적이고 진지한 성격을 보이고, 열대지역에 사는 사람들은 게으르고 성적으로는 조숙하다는 등 그들이 찾아낸 고정형의 목록은 길다. 대부분의 초기 인류 지리학자들에 의한 이 분야의 결론들은 너무 피상적인 것한 나라 안에서도 도시 사람과 농촌 사람, 또는 한국 사람, 일본 사람, 미국 사람 등 각각에는 다른 것과 구분될만한 상당한 정도의 공통적인 유형이 발견된다. 이런 차이들은 앞서 살펴본 세 가지의 요인들에 주의를 돌려서는 설명되지 않는다. 우리가 분명히 알 수 있는 한 가지 사실은 그들 각각의 문화 또는 하위문화가 상이하다는 점이다.

개인들이 아무리 독특한 체질적인 특성을 가지고 있고, 고유의 경험을 한다고 하더라도, 그들은 각기 일상생활에서 접하고 있는 문화에 따라 반응하며, 그에 기초하여 개인들의 인성이 형성된다. 이런 점에서 개인들이 접하고 있는 문화는 인성의 가장 중요한 결정요인으로 간주될 수 있겠다. 사실 인류학자들이 인성을 다룰 때 주로 관심을 두는 영역도 바로 이것이고, 다음에서 살펴볼 인성의 형성과정에서는 이런 문화적 배경에 역점을 둘 것이다.

MEMO

3. 인성형성의 과정

인성형성의 과정은 선천적, 유전적인 것으로부터 영향을 받지만, 후천적, 환경적, 학습적인 영향 또한 매우 크다. 이는 육아양식, 문화화, 교육의 세 가지로 구분된다.

1) 육아양식

문화의 다른 영역들과 마찬가지로 자녀양육(childrearing) 양식도 문화에 따라서 상당한 차이가 있다. 또한 같은 사회 안에서도 가족에 따라 차이가 있을 수도 있다. 생활 경험들의 많은 부분이 가족생활의 맥락에서 일어나고 있기 때문에, 우리는 간혹 어린이의 인성은 대체로 그의 부모들에 의해서 형성된다고 말하기도 한다. 이런 이유로 같은 가족의 성원들은 비슷한 인성을 가진다고 말해도 좋겠다. 이것은 반드시 똑같다는 말은 아니다. 그러나 우리는 특정의 가족이 왜 그들이 따르고 있는 그런 방식으로 자녀들을 기르고 있는지를 생각해야만 하겠다. 어떤 점에서는 모든 가족이 각기 독특하다고 하겠지만, 부모들이 자녀들을 양육하는 방식의 많은 부분은 그들이 접하고 있는 문화, 즉 가족생활의 유형과 그 사회의 성원들이 공통적으로 '올바른' 자녀양육 방식이라고 믿고 있는 것에 의하여 영향을 받는다.

우리나라 안에서도 자녀양육 방식은 가정에 따라 많은 세부적인 차이가 있기에, 어떤 것이 올바른 것인가를 말하기는 어렵다. 그러나 우리가 다른 나라의 것을 살펴보고 우리의 것과 비교해 볼 때 우리는 우리 것을 좀 더 분명히 파악할 수가 있다. 예컨대, 남태평양의 마께산스(Marquesans) 족은 젖을 먹이는 것은 어린이로

하여금 성장을 어렵게 만들고 있다고 믿고 있다. 그래서 그들은 어린이에게 젖을 불규칙적으로 먹이고, 어린이의 편의를 위해서가 아니라 어머니의 편의에 따라 젖을 먹인다. 인도의 첸추(Chenchu) 족은 어린이가 다섯 살 또는 여섯 살이 될 때까지 젖을 떼지 않는다(Whiting & Child, 1953: 69-71).

어머니들이 유아를 다루는 방식도 사회에 따라 많은 차이가 있다. 뉴기니의 꾸오마(Kwoma) 족의 어머니들은 항상 어린이들을 데리고 다니면서 보챌 때마다 달래고 돌봐 준다. 마가렛 미드(Margarat Mead)는 같은 지역의 아라패쉬(Arapesh) 족에서 비슷한 관습을 관찰한 바 있다. 그들은 어린이를 연약하고, 다치기 쉬우며, 귀중한 작은 것으로 간주하여, 그들은 잘 보호되어야 하고, 잘 먹여야 할 것이며, 소중하게 다루어져야 한다고 믿고 있다. 그래서 어머니들은 걸어 다닐 때마다 어린이를 젖가슴 밑에 띠로 매달거나 아니면 보드라운 그물주머니에 넣어 매달고 다닌다. 어린이가 보챌 때마다 상냥하게 그리고 주의 깊게 젖을 먹인다. 이와는 달리 일본의 북부에 있는 아이누(Ainu) 족의 어머니들은 낮에 어린이를 양 끝의 벽에 매달아 놓은 요람에다 눕혀 놓고 별로 주의 깊게 돌보지 않는다. 즉, 그들은 보통 어린이가 발버둥을 치고 울다가 지치면 잠들도록 내버려 둔다.

어른들의 인성에 관한 연구들은 그들 행동의 대부분이 유아기의 양육양식을 반영하고 있음을 보여주고 있다. 정상적인 상황에서 어린이들의 첫 경험, 그리고 그 후의 경험들은 주로 가족생활에서 이루어진다. 즉, 가정은 어린이들의 세계이다. 이 세계는 어린이들의 성격형성에 중요한 역할을 담당하고 있다. 다시 말해서 자녀를 어떤 식으로 키우는지도 자녀가 가질 인성의 형태를 부분적으로 좌우한다. 상이한 육아양식을 가진 사회들은 상이한 인간형을 만들어 낸다. 이것은 사람마다 고유의 인성을 가지고 있다는 것을 부인하려는 뜻은 아니다. 다만 어느 사회든 거의 공통적으로 따르고 있는 고유의 육아양식이 있고, 그것이 그 사회구성원들의 인성 형성에 유사한 영향을 미치게 된다는 것이다.

2) 문화화

어느 사회 또는 문화에서도 인간의 생물학적 욕구가 어떤 식으로 충족되어야 할 것인가에 대해 한계를 정하고 있고, 이것을 표준화하고 있다. 예컨대 어린이들이 음식을 먹고 싶어할 때 제 마음대로 어떤 방식으로든지 먹도록 내버려 두는 사회는 없고, 대소변을 보고 싶을 때에 언제나 어디에서든지 보도록 내버려 두는 사회는 없다. 우리 사회에서도 어려서부터 숟가락은 이렇게 쥐어라, 젓가락은 저렇게 쥐어라는 등 부모가 어린이들에게 가르치고, 손으로 반찬을 집어 먹는 것을 보고 야단을 치기도 한다. 또한 어려서부터 대소변의 훈련에 많은 신경을 쓰는 모습도 흔히 볼 수 있다. 성적인 욕구를 어떤 식으로든지 충족하도록 아무런 제한을 가하지 않는 사회는 없다는 점은 이미 앞에서 지적되었다. 이런 예들에서 볼 수 있는 바와 같이 모든 사회가 성원들의 행동에 상당한 정도의 사회적인 통제를 가하고 있다.

사람들은 각기 생물학적 욕구 또는 충동에 어떤 식으로 반응하는 것이 목표를 성취하고 욕구를 충족할 수 있는 방식인지를 배워야만 한다. 문화적으로 금지되어 있는 반사회적 행위는 그런 것을 제거하려는 사회적인 노력에 의하여 벌을 받게 된다. 즉, 개인은 그의 충동을 금지된 식으로 발산하는 것을 억제하고 문화적으로 지시된 방식으로 행동하는 것이 관습화되도록 배워야만 한다. 성적 욕구를 자유분방하게 충족시키고, 사회적으로 받아들여질 수 없는 '못된 짓'을 하는 사람을 가리켜 우리가 흔히 "그는 사람도 아니다."라고 표현하는 것도 실은 그 사람이 문화적으로 지시된 규범에 벗어나는 행동을 하고 있기 때문이다.

이와 같이 부모나 다른 사람들의 영향을 받아, 그 문화에서 적절한 것으로 간주되는 표준에 일치하게끔 어린이들의 행위유형이 의식적으로 또는 무의식적으로 형성되어 가는 과정을 문화화(enculturation)라고 부른다. 어떤 의미에서는 그것은 어린이가 문화를 학습하는 과정이라고 말할 수도 있겠다. 잘 적응하고 있는 인성은 바로 그 사회적 환경에서 기대되고 있는 표준에 따라 개인적인 충동을 성공적으로 충족시키는 것을 말한다.

이 문화화와 비슷한 의미로 사회심리학과 사회학의 분야에서 오랫동안 사용해오고 있는 개념으로 사회화(socialization)를 들 수 있다. 그러나 인류학자들은 어린이들로 하여금 기존의 유형화된 문화적 전통 속으로 끌어들이는 과정이라는 점을 강조하면서 문화화라는 용어를 즐겨 쓰고 있다.

인간은 끊임없는 긴장 상태에서 생활하고 있다. 이 긴장들은 줄일 수는 있지만, 완전히 제거할 수는 없는 일이다. 내적인 충동과 그 문화에 의해서 허용된 한계 사이의 싸움은 부단히 계속된다. 어떤 사람은 인간의 정신적인 갈등이 바로 인간의 본질적인 요소라고도 말한다. 인성의 성숙이란 기존의 사회에서 생활해 나가는데 의거해야만 할 규범들의 수용을 의미한다. 성장하는 어린이들이 그들의 문화의 유형에 따라 행동을 조정하고, 그 문화의 부분을 구성하고 있는 가치관, 신앙체계, 행위양식 등이 그들의 사고와 행위의 한 정상적인 부분으로 될 때, 그들은 그들의 문화를 내면화한 셈이고, 전반적으로 문화화되었다고 말할 수가 있다. 이렇게 하여 그들의 인성은 성숙되어 간다.

3) 교육

교육은 어른들이 어린이들의 인성을 형성하기 위한 더욱 공식적인 노력을 의미한다. 그러나 원시사회들에서는 어른과 어린이의 차이는 우리 사회에서만큼 현저하지는 않다. 원시인들에게는 생활 그 자체가 교육과정이다. 아버지들은 어린이들이 가보지 못한 공장이나 사무실에서 일하지 않는다. 어린이들도 하루에 몇 시간씩 집을 떠나 학교에 갇혀 있지 않는다. 작은 규모의 캠프나 마을에서 어린이들이 뛰어다니면서 놀고, 어른들의 모든 중요한 활동들도 바로 그곳에서 벌어진다. 어려서는 활놀이를 하다가 어느 정도 성숙하면 어른들의 사냥길에 따라나서 어떤 점에서는 눈치와 기지를 발휘해서 어떻게 사냥을 효과적으로 할 수 있는지를 배운다. 가축몰이를 하고, 춤을 배우며, 민담, 전설 등의 민간신앙들을 배우고 익히는 것도 대체로 이런 식으로 이루어진다.

대부분의 지식은 전문직업인으로서의 선생 또는 강사들이 아닌 가족구성원들과 함께 생활해 나가는 과정에서 얻어지는 부산물들이고, 또 많은 것을 약간 더 나이가 많은 다른 친구들로부터 배운다. 다만 공식적 학습은 보통 종교 및 주술과 같은 특수한 분야에만 한정되어 있다. 성인식이나 입회식 등과 같은 약간 정교화된 의례의 관습들이 있는 곳에서는 대체로 공식적 훈련과정이 있다.

동남아프리카의 쯔와나(Tswana) 족에서 관찰된 성인식(initiation ceremony)을 예로 들어 보자(Schapera, 1938: 106). 이 의식을 거칠 나이가 된 소년들은 동시에 집단적으로 의식을 맞는다. 그들은 마을을 떠나 약 3개월 동안 몇 개의 캠프에 격리된다. 의식의 세부적인 사항들은 부인들이나 모든 다른 미성년자들에게 철저하게 비밀에 부쳐진다. 만약 이런 규율을 어긴다면 심한 벌을 받게 되고, 심지어 캠프에 너무 가까이 접근한 자는 살해되기도 한다.

캠프에서 소년들은 우선 부족의 전통을 따라 피부의 일부를 찢는 할례식(circumcision)을 거친다. 그 후 소년들은 수많은 비밀, 주술과 노래를 배우고, 추장을 존경하고 복종하며 지지할 것, 부족을 위한 일이라면 목숨을 내걸고라도 노력하고 모든 어려운 일들을 참고 견딜 것, 각 집단의 단위별로 단합하고 상부상조할 것, 생계의 주요 원천인 가축을 중요시할 것, 노인들을 잘 모시고, 소년 시절의 모든 행동관습에서 이제는 떠날 것 등에 관해서 아주 체계적으로 '교육'을 받게 된다. 교육의 많은 부분은 또한 성과 관련된 중요한 문제들을 다룬다.

어린애를 낳을 의무, 결혼생활에서 지켜야 할 것들, 금지된 부인들과 성관계를 맺는 것이 얼마나 위험한 일인지에 관해 강의를 받는다. 더 나아가 그들은 부족의 전통, 종교적인 관습, 부족의 전쟁 노래들을 배우고, 수많은 종류의 상징적인 춤을 배운다. 이 과정에서는 수많은 종류의 금기가 적용되어 어떤 때에는 굶어 죽을 정도이고, 고된 훈련은 거의 고문에 해당할 정도이지만 소년들은 모두 이런 고통을 견뎌내어야만 한다.

이것은 하나의 특수한 예라고 하겠지만, 이와 비슷한 관습은 많은 원시사회에서 나타나고 있다. 다만 여기서 지적하고 싶은 것은 공식적 교육은 문명사회에 국한된 것도 아니고, 많은 원시사회도 이런 교육과정을 통하여 한 세대의 전통을 다음 세대에 물려주면서 성원들의 인성을 그 집단의 어떤 표준으로 근접시키려는 제도적 장치를 가지고 있다는 점이다.

출처: [네이버 지식백과] (문화인류학, 2011. 9. 15., 서울대학교출판문화원)

4. 더불어 사는 것의 중요성

인간은 더불어 사는 사회적 동물에 속한다. 어떤 특정한 목표를 가진 두 사람 이상의 모임으로 구성된 집단은 공동 목표나 지향점이 있을 때 응집력이 강하게 작용한다. 인간은 개인이 달성하기 어려운 목표를 다른 사람과 협력하여 성취하거나 자아정체성을 인식하고자 다양한 형태의 집단을 형성한다. 이를 통해 공동체(community)가 발생한다. 따라서 인간은 자신이 원하는 공동체 안에서 다른 사람과 관계를 맺고 개인의 기본적인 욕구를 충족시킬 뿐만 아니라 자아실현을 추구하면서 성장을 지향한다.

그런데 인간은 자율적이며 자유의지가 있어서 자신의 환경을 스스로 조성하고 일정한 문제가 인식되면 필요한 조치를 취하게 된다. 즉, 구성원 간 활발한 의사소통과 상호이해를 통해 갈등에 대처하면서 더불어 살아가는 공동체를 이룬다. 인간은 공동체 안에서 통합 및 지속 가능한 발전을 위해서는 신뢰를 포함하는 구성원들이 지켜야 할 다양한 규범, 규칙, 역할 등에 대한 개념과 소속감, 참여 의지, 도움의 정도를 정하게 되는데, 이러한 이념적 틀이나 체계를 공동체 정신이라 할 수 있다.

특히 현대사회는 코로나 팬데믹 상황으로 비대면 소비시대에 이르러 공동체 상실의 인간소외 및 고립현상이나 개인주의의 팽배, 경기침체에 따른 양극화, 초(超)고령화 사회로의 진입, 압축 성장의 폐해 발생, 자원고갈 및 환경파괴 등 다양한 현상들이 복합적으로 작용하고 있다. 이로 인해 범죄 관련 제반 문제들이 자주 발생하면서 합리적 개인이 아닌 더불어 사는 공동체 회복과 강화가 주요한 해결책으로 강조되고 있다. 전통적으로 대한민국의 지역사회는 공동체 정신으로 이웃 간 네트워크를 형성하고 서로 협력하고 신뢰감을 형성하고 정을 나누었다. 나아가 공동체의 이익뿐만 아니라 개인의 이익과 행복도 추구할 수 있었다. 따라서 여기에서는 공동체 정신의 개념과 공동체 일원으로서 갖추어야 할 덕목인 우분투(Ubuntu) 정신에 대해 살펴보고자 한다.

1) 공동체 정신의 개념

오늘날 공동체가 가지는 의미는 매우 중요하다. 현대인은 공동체를 형성하여 상호의존하며 살아갈 수밖에 없는 구조로 형성되어 있다. 공동체의 의미는 원래 라틴어 'communis'에서 유래된 용어로 '모두가 같이 한다.' 또는 '모두가 공동으로 참여한다.'라는 뜻에서 시작되었으며, 이는 단순히 살아가는 물리적 공간을 넘어 적극적인 상호작용의 경험을 가진다. 공동체 정신은 구성원들의 사회적 결속에 의해 성장하면서 공동의 문제를 인식하고 해결하는 데에 '나'보다는 '우리'를 소중히 여기고 같이 참여하는 것을 의미한다. 즉, 공동체 정신은 사적인 이익 추구를 자제하고 사회정의를 실현하기 위하여 구성원들의 친밀감을 높여주는 정신을 말한다(McMillan & Chavis, 1986).

2) 공동체 일원으로서 갖추어야 할 덕목: 우분투(Ubuntu) 정신

코로나19 팬데믹 상황은 '사회적 거리 두기' 정책의 확산으로 언택트(untact) 소비의 일상화, 4차 산업혁명이 가속화되고 있다. 이러한 급격한 사회변화는 모든 교과목이 원격수업으로 전환되었고 미래사회를 가치롭게 하는데 인성의 역할이 강조되고 있다. 그래서 팬데믹 시대에 부합하는 인성 교육이 필요한 시점이다. 한편 2015년 7월부터 시행된 「인성교육진흥법」의 핵심 가치・덕목인 "예, 효, 정직,

책임, 존중, 배려, 소통, 협동"과 같은 공동체 윤리가 필요하다. 인성의 목적은 인간다운 바람직한 품성을 함양하기 위한 지식과 행동이 연결되는 수행 관련 능력에 관심을 두어야 한다. 인성(人性)은 지식, 기능뿐만 아니라 이를 실천적으로 옮길 수 있는 가치, 태도를 포함하여 구성해야 한다.

한편 공동체 의식과 관련한 한국의 고유한 문화 중의 하나로 강한 결속력을 가진 노동조직으로 출현한 두레가 있는 것처럼 우분투 정신은 남아프리카 건국이념과 관련이 있다. 우분투는 남아프리카 코사족(Xhosa)의 말로 다양한 뜻을 내포하는데 '나는, 곧 우리', '네가 있으니 내가 있다.'라는 의미로 사용되기도 한다. 현대적으로는 '다른 사람을 위한 인간애(humanity towards others)'라고 해석되며, 이는 공유 또는 공동체 정신을 의미한다. 우분투 정신과 관련한 재미있는 일화가 있어서 소개하고자 한다.

한 인류학자가 아프리카의 한 부족 아이들에게 게임을 하자고 제안했다. 인류학자는 나무 근처에 과일 한 바구니를 두었다. 거기에 제일 먼저 도착한 아이에게 과일을 상으로 주겠다고 했다. 인류학자가 아이들에게 "자! 달려라~!"라고 큰 소리로 말하자, 아이들은 서로 경쟁하며 달리는 것이 아닌 다 같이 손을 잡고 달렸다. 그리고 모두 함께 앉아서 과일로 포상을 즐겼다. 인류학자는 "혼자서 이기겠다고 달리면 한 명이 과일을 전부 상으로 받을 수 있었는데, 어떻게 모두가 함께 달렸을까요?"라고 물었다. 아이들은 "우분투"라고 외치고 "다른 사람이 모두 슬픈데 어떻게 한 명만 행복해질 수 있습니까?"라고 되물었다. 그 순간에 인류학자는 진정한 인간애를 깨달았다. 인간은 혼자서 살아갈 수 없는 존재로서 인간 전체를 위하는 "우분투" 정신은 '행동하는 동행이며, 이것이 바로 아름다운 동행'인 것이다.

"인간은 혼자서 살아갈 수 없는 존재입니다.
홀로 떨어져 있다면 진정한 의미에서 인간이라 할 수 없습니다.
우리는 사실 서로 얽혀져 있고, 서로 이어져 있습니다.

그런데 우리는 자신을 다른 사람과 상관없이 존재하는
개인으로 생각할 때가 많습니다.
우분투(Ubuntu)는 인간이 갖추어야 할 기본조건입니다.
우분투 정신을 갖춘 사람은 마음이 열려 있고, 다른 사람을 기꺼이 도우며,
다른 사람의 생각을 인정할 줄 압니다.

그래서 우분투하는 우리가 하는 일 하나하나가
세상 전체에 영향을 미칩니다.
우리가 좋은 일을 하면 그것이 번져 나가
다른 곳에서도 좋은 일이 일어나게 만듭니다.
그것은 인간 전체를 위하는 일이 됩니다."

– 투투 대주교(남아프리카공화국 성공회)

MEMO

5. 다른 문화에 대한 존중과 수용

문화란 인간과 사회가 창조해 낸 정신적 · 물질적 산물을 모두 포괄하는 개념으로 쉽게 정의하기 어렵다. 실제로 170여 개의 문화에 관한 정의가 있는데, 이들의 공통적인 견해는 문화가 후천적인 학습에 의해 다음 세대로 전수되며 집단 내 공유를 통해 구성원의 지각과 행동에 영향을 미치는 생활양식이 된다. 특히 문화 간 의사소통은 서로 다른 문화권에 속한 개인이 서로 다른 개인이 언어, 가치관, 습관 등을 어떤 과정을 통해 상호작용하면서 그 의미를 공유하고 서로의 차이를 인식하고 다양성을 이해하게 한다. 이러한 언어는 의사소통의 가장 핵심적인 요소로 개인이 속한 집단이나 사회에서 드러나는 삶의 모습, 가치관이나 사고방식 등과 깊은 관련이 있다. 따라서 문화 간 의사소통은 인간사고의 다양성에 대한 이해와 더불어 서로 다른 문화적 차이를 이해하고 존중하는 성숙한 태도를 갖추게 되는 것이다.

이와 같이 인간은 다른 문화에 잘 적응하고 어울려 지내기 위해 타문화에 대한 문화적 차이를 인식하는 다문화 감수성이 필요하다. 이는 다른 문화 또는 다양한 문화를 편견 없이 자신에게 익숙하지 않거나 자신이 속한 문화와 전혀 다른 문화에 대한 차이를 수용하는 포용적인 자세를 갖게 한다. 그래서 인간은 타문화에 대한 흥미나 관심과 문화적 차이를 인식하는 민감성을 가지고 타문화를 존중하는 행동의 변화가 나타난다. 나아가 이러한 타문화에 대한 이해를 바탕으로 '다양한 사람들과 더불어 살아갈 줄 아는 능력', '다른 나라 사람들과 교류하고 다른 나라의 상황과 문화를 이해하고 이를 활용하는 역량'을 갖추게 된다. 이를 통해 인간은 현재 자신의 모습을 객관적으로 인식하는 기회로 삼게 될 뿐만 아니라 우리의 모습을 재조명하고 유연한 태도로 여러 다양한 문화를 바라보는 관점을 확장하게 된다.

6. 바른 인성 함양을 위한 실천

인간은 개별적인 존재인 동시에 공동체 안에서 구성원으로서 살아가는 존재이다. 이에 인간은 공동체 안에서 구성원들 간 유기적 관계를 맺으며 공통 관심사를 가지며 안정감을 갖는다. 하지만 다변화된 오늘날 가상 공간 및 글로벌 공간을 기반으로 공동체의 범위와 장소에 구애받지 않는 공동체의 특성을 반영한다. 특히 코로나 시대에 원격수업을 통해 장소 기반보다는 관심 기반에 의해 팀 기반 프로젝트에서 공동체 구성원들 상호 간 사회적 교류 및 연대감이 확대되고 있다.

인간은 공동체인 조직의 구성원으로서 개인이 지닌 지식, 기술, 태도 등을 통해 공동의 목표를 달성하기 위해 자신에게 부여된 과업을 수행해야 한다. 결국 인간은 조직의 기본적인 단위인 집단이나 팀의 구성원으로서 자신이 속한 조직에 대한 이해를 바탕으로 조직의 목표 달성에 효과적으로 행동하고 기여한다. 이에 개인은 조직의 내적·외적 규범이나 가치들을 어떻게 준수하고 수용하여 상호 발전적인 방향으로 나아갈지를 정확하게 인식하는 능력이 필요하다(송병국, 2000). 이는 개인이 '나'의 관점에서 벗어나 조직의 관점에서 자신과 외부를 인식하는 것이다. 따라서 인간은 집단이나 팀의 조직 내 구성원으로서 효율적으로 팀워크를 발휘하기 위해서는 조직 내 자신의 일과 연계된 여러 상황을 이해하고 개인적으로 수행하는 과업과 조직 전체의 과업수행 절차나 과정을 동시에 고려해야 한다. 여기에서는 좋은 공동체인 팀과 팀워크를 이루기 위해 팀 기반 프로젝트 시 지녀야 할 바람직한 태도를 살펴보고자 한다.

1) 팀과 팀워크

인간은 공통의 관심사를 지향하면서 공동의 목표를 달성하기 위해 다양한 형태의 집단에 소속된다. 다양한 형태의 집단은 서로 다른 집단과 통합되며 조직(organization)을 이룬다. 조직의 기본적인 작업 단위는 팀(team)이다. 모든 팀은 집단이지만 모든 집단은 팀이 아니다. 팀은 공동의 목적 및 기대를 가진 사람들이 모여 자신의 지식, 기술, 행동 등을 활용하며 결과에 대한 책임을 가진 개인들이 모인 집단인 것이다. 즉, 팀은 공유된 사명감과 책임감을 갖는다. 그래서 팀은 조직 내 직무수행을 위해 구성원들 간 상호 의존적인 관계를 통해 과업수행을 조정하고 통합하면서 조직 전체의 목표를 달성하기 위해 노력해야 한다. 결국 조직을 효과적으로 관리하려면 기본단위인 팀에 대한 이해를 바탕으로 팀원 간 팀워크(team work)가 조화를 이루어야 한다.

2) 팀 기반 프로젝트에서 지녀야 할 바람직한 태도

팀 기반 프로젝트를 수행하려면 좋은 팀워크가 중요하다. 이는 모든 구성원이 조직의 목표를 제대로 이해하고 집중하고 몰입하는 것이다. 팀워크가 좋지 않은 경우에는 그 이유가 리더십 또는 의사소통의 문제, 관계갈등이나 목표 및 방향성의 부재 등으로 인해 기인한다.

이를 효율적으로 해결하고 자신의 과업을 더 잘 수행함과 더불어 좋은 팀워크를 발휘하기 위해서는 첫째, 팀의 구성원은 조직문화를 제대로 이해하고 자신이 속한 조직에 대한 자부심을 느끼고 몰입할 수 있는 능력으로 적응해야 한다. 물론 조직에의 적응은 시간상 필요하지만 팀워크가 심각한 경우 자신뿐만 아니라 팀에 좋지 않은 영향을 미치고 조직의 문제 상황을 일으킬 수 있다. 따라서 팀의 구성원은 조직의 소속감이나 수행직무에 적극적이고 긍정적인 자세로 참여할 필요가 있겠다.

둘째, 팀의 구성원은 조직 내 과업수행의 자율성과 갈등을 최소화한 응집력을 가지고 적응해야 한다. 자신이 맡은 일만 열심히 하면 된다는 생각으로 생활하면 자칫 조직의 전반적인 상황이나 흐름을 놓치게 되므로 자신의 일과 관련된 정보에 뒤처질 수 있다. 따라서 팀의 구성원으로서 자신의 성취와 평안, 그리고 조직의 안정성을 위해서는 조직의 전체적 맥락에서 자신의 과업수행에 책임감을 갖는다. 가령, 동료의 협조 요청이 있을 때 조직의 유익을 위해 기꺼이 자신의 희생을 감수하고 조직의 필요에 맞게 조정하는 능력이나 의지가 필요하겠다.

MEMO

Activity 2

1. 공동체 정신 중에서 삶에 적용하기 위해 지금 당장 시작해야 할 세 가지 일은 무엇인지 설명해 보자.

2. 어떤 일을 서로 협력하여 잘 지냈던 경험을 떠올려보고 그 일을 통해 배운 것이 무엇인지 설명해 보자.

3. 팀 프로젝트를 진행할 때 협력하기 위해 자신이 노력해야 하는 것이 무엇인지 조원들과 이야기나누어 보자.

정리하기

1. 공동체 안에서의 구성원으로서 갖추어야 할 태도에 대해 생각해 보자. 현재 자신이 소속된 집단이나 팀에 대해 제대로 이해하고 있는지 그리고 자신이 공동체 구성원으로서의 역할을 잘 수행하고 있는지 생각해 보자.

- 공동체가 추구하는 목표
- 공동체 안에서의 나의 역할
- 공동체에서 요구한 역할을 잘 해냈다고 인정받은 경험
- 공동체에서 요구한 역할을 잘 수행하지 못해 어려웠던 경험
- 현재 공동체 안에서의 구성원으로서 나의 장점

2. 다른 문화에 대한 존중과 수용에 대한 태도를 생각해 보자. 나의 편견, 차별, 스테레오 타입이 어떠한지 점검해 보자.

- 길거리나 지하철에 외국이 있을 때 나의 시선
- 누군가 방언(사투리)을 심하게 사용했을 때 나의 느낌
- 특정 인종이나 배경을 가진 사람들의 채용을 금지하거나 임금을 낮게 책정하는 행위 등에 대해 드는 나의 생각

MEMO

Chapter

03

인성과 자기긍정성 I

학습목표

1. 긍정적 마인드에 대한 개념 이해를 통해 자아존중감과 인성의 중요성을 인지한다.

Warming-up

1. 내가 왜 소중한 존재인지 짝꿍에게 이야기하여 보자.

2. 자아존중감, 자신감, 자존심의 차이는 무엇인지 조원들과 이야기나누어 보자.

1. 자아존중감의 중요성

1) 자아존중감의 개념

자아존중감(自我尊重感, self-esteem)이란 자신이 사랑받을 만한 가치가 있는 소중한 존재이고 어떤 성과를 이루어낼 만한 유능한 사람이라고 믿는 마음이다. 자아존중감이 있는 사람은 정체성을 제대로 확립할 수 있고, 정체성이 제대로 확립된 사람은 자아존중감을 가질 수 있다.

자아존중감은 객관적이고 중립적인 판단이라기보다 주관적인 느낌이다. 자신을 객관화하는 것은 자아존중감을 갖는 첫 단추이다. 간단히 자존감이라고도 부른다. 이 용어는 미국의 의사이자 철학자인 윌리엄 제임스(William James)가 1890년대에 처음 사용하였다.

자존감이라는 개념은 자존심과 혼동되어 쓰이는 경우가 있다. 자존감과 자존심은 자신에 대한 긍정이라는 공통점이 있지만, 자존감은 '있는 그대로의 모습에 대한 긍정'을 뜻하고 자존심은 '경쟁 속에서의 긍정'을 뜻하는 등의 차이가 있다.

- **자존심:** 타인이 나를 바라볼 때 내가 느끼는 감정, 즉 타인이 나를
- **자존감:** 스스로를 바라보는 감정, 즉 자신이 나를

즉 자아존중감은 자기긍정으로 자기 자신의 사고, 감정, 행동을 객관적으로 인식하고 자신을 긍정적으로 바라보며 자신을 가치 있는 사람이라고 생각하는 주관적 평가이다.

자아존중감이야 말로 모든 미덕의 초석이다.
-존 허셀-

자존감은 자신의 능력과 한계에 대해 어떻게 생각하는지에 대한 전반적인 의견이다. 스스로 가치 있는 존재임을 인식하고, 인생의 역경에 맞서 이겨낼 수 있는 자신의 능력을 믿고 자신의 노력에 따라 삶에서 성취를 이뤄낼 수 있다는 일종의 자기 확신이다.

자존감이 적당하게 잘 형성된 사람은 자신을 소중히 여기며, 다른 사람과 긍정적인 관계를 유지할 수 있다. 학교나 직장에서도 자신의 능력에 자신감을 보여 잘하는 경향이 있다. 자신을 지탱해 주는 감정의 심지가 굳건하기 때문에 다른 사람의 비난이나 어쩌다 생기는 실수에도 바람 앞의 등잔불처럼 흔들리지 않는다. 인생의 굴곡 앞에서도 유연하게 대처할 수 있다.

하지만 자존감이 약한 사람은 자신의 실체와는 별개로 남의 시선을 의식해가며 전전긍긍 살아간다. 자신감이 부족하기 때문에 대인관계가 원만하지 않고 열등감이 심하다. 그렇다고 해서 자기존중감이 높다고 해서 다 좋은 것은 아니다. 하늘을 찌를 듯이 자존감이 너무 높은 것도 사회생활에서 문제가 될 수 있다. 자기를 너무 존중하다 보니 자칫 타인을 무시하기 쉽다. 이러한 자존감은 극단에 치우치기보다 적당히 균형을 유지하는 것이 중요하다.

- **낮은 자존감의 예**: "나를 깊게 알게 되면 실망할지 몰라."
- **높은 자존감의 예**: "나는 남들보다 우월하기 때문에 언제나 존중받아야 해." 또는 "나는 언제 어디서나 항상 최고야."

자존감은 상황과 시간이 지남에 따라 바뀌는 경향이 있다. 특히 성장 과정에서 타인이 자신을 어떻게 평가하는지에 따라 건강한 자부심을 가지게 될 수도 있고, 그렇지 못한 상태로 자랄 수 있다.

2) 자아존중감의 균형

(1) 지나치게 자존감이 높을 때

다른 사람보다 자신을 더 높이 평가하는 경우다. 주위 사람보다 자신이 더 뛰어나다고 느낀다. 오만하며, 제멋대로고 특권을 받을 자격이 있다고 생각할 수 있다. 물론 인생을 살면서 어느 정도의 자존감과 자신감은 중요하다. 그러나 지나치면 자만심으로 발전해 남을 배려하는 마음이 결여되고, 남들과 자신을 비교하며 우월감을 느끼게 된다. 문제는 본인이 자존감이 높다는 것을 인정하지 못하고 당연하게 여기거나 자신감으로 생각하는 경우가 많다는 것이다.

(2) 지나치게 자존감이 낮을 때

자신의 업적, 아이디어 등을 낮게 평가하는 경향이 있다. 자신의 장점보다 약점이나 결함에 초점을 맞추기 때문에 자신보다 남들이 더 능력이 뛰어나다고 생각한다.

자존감이 낮은 사람은 다른 사람들이 자신에 대해 어떻게 느끼는지를 기준으로 하여 자신의 현재 행동들을 결정한다. 칭찬이나 긍정적인 반응을 받아들이지 못하는 경우도 있다. 직장이나 학교에서 실패를 두려워해 성공하지 못한다. 시험 점수를 잘 받았거나 칭찬을 받는 것과 같은 좋은 감정도 오래 지속되지 못하고 잠깐에 그치는 경우가 많다.

(3) 균형 잡힌 건강한 자존감

건강하고 바람직한 자존감은 두 극단 사이에 자리잡고 있다. 자존감이 건강하다는 뜻은 자신을 공정하고 정확하게 볼 수 있다는 것을 의미한다. 예를 들면, 자신의 가치를 잘 알고 자신을 좋게 평가하는 경향을 지니고 있지만 부족한 점에 대해서도 잘 알고 있다는 것이다.

특히 자존감은 가까운 사람 등 타인과의 관계, 경험, 생각 등에 의해서 형성된다. 어린 시절에는 부모, 형제자매, 선생님, 종교인 등과 같이 가까운 사람들과의 관계가 자존감 형성에 큰 역할을 한다.

가까운 관계의 사람들로부터 긍정적인 피드백을 받을 경우 자신에 대한 믿음이 높아지고, 자신이 지니고 있는 가치를 적절하게 평가할 수 있는 건강한 자존감을 지닌 사람으로 형성될 가능성이 높다. 반대로 애정이 결여된 냉혹한 비판, 습관적인 비난, 조롱 등과 부정적인 피드백을 받고 자란 경우 자존감이 결핍된 사람으로 성장할 가능성이 높다.

출처: [네이버 지식백과] 자존감을 키우는 방법(정신이 건강해야 삶이 행복합니다, HIDOC)

3) 자존감을 높이는 3단계 방법

낮은 자존감을 가지고 있으면 매사에 소극적으로 변해 자신이 존중받아야 할 가치가 충분히 있음에도 점수를 낮게 매겨 저평가하는 경향이 있다. 비록 어린 시절부터 형성된 것이어도 자부심은 자신의 태도와 의지에 따라 얼마든지 건강하게 가꿀 수 있다. 자존감은 인생의 모든 면에 영향을 주기 때문에 지나치게 자존감이 낮다면 끌어 올릴 필요가 있다.

(1) 자신을 용서하기

자존감이 낮은 사람은 실수를 저지르면 자신을 질타하거나 창피해하며 이를 극복하는 데 어려움을 겪는다. 실수는 인간이라면 누구나 저지르는 행동으로, 순간의 잘못이 인생 전체를 좌지우지하지 않는다. 자신을 용서하고 다시는 실수를 저지르지 않도록 노력하는 것이 중요하다.

자신을 용서하는 문장을 작성하여 보자.

예) 괜찮아. 오늘 발표는 대단히 잘한 거야!

(2) 긍정적으로 생각하기

비관적으로 생각하면 그대로 실현될 가능성이 높다. 가령, 프레젠테이션을 앞두고 '나는 잘해내지 못할 거야.'라는 생각을 가지면 실제로도 이를 망칠 가능성이 높다. 반대로 '잘해낼 수 있다.'는 자신감을 가지면 힘들고 어려운 상황이라도 긍정적으로 맞닥뜨릴 수 있다. 만약 실패했더라도 좌절하지 말고 그간의 노력과 목표를 달성했다는 데 의의를 두도록 하자.

자신을 긍정적으로 생각하는 문장을 작성하여 보자.

예) 내가 다니고 있는 대학이 가장 멋진 곳이야!

(3) 자기 격려하기

자존감이 낮고 비관적인 사람은 '내가 시험을 잘 본 것은 문제가 쉬웠기 때문이다.'라며 자신의 성과를 인정하지 못하는 경향이 있다. 자신의 능력이 충분하고, 열심히 노력했는데도 불구하고 부정적인 결론에 도달하는 것이다. 자신을 과소평가하고 실수에 예민하게 반응하기 때문에 항상 자신을 격려하고 용기를 북돋아 주는 자세가 필요하다. 나를 격려하고 칭찬하면 긍정적인 에너지를 받아 힘을 낼 수 있다.

자신을 격려하는 문장을 작성하여 보자.

예) 과제를 마감 기한까지 충분히 해낼 수 있을 거야.

자존감은 상대로부터 사랑받을 때 높아지는 것이 아니다
타인으로부터 사랑과 관심을 갈구하기에 앞서
나 스스로를 먼저 인정하고 사랑해야 자존감도 높아지는 것이다

자존감은 나를 비로소 사랑하는 마음

여기 당신이 세상에서 가장 사랑하는 사람이 있다
그 사람의 모습이 충분히 아름답고 빛났으며 사랑스러웠다
당신은 사랑하는 그 사람과 평생 함께할 것을 약속했다
그 사람의 모든 것에 관심을 갖고 그 사람이 원하고
기뻐하는 일이라면 무엇이든 들어주리라 마음먹었다

그런데
그게 쉽지 않았다

일에 치이고 주변 사람들을 신경 쓰다 보니
정작 그 사람에게는 소홀해졌다
그 사람은 당신의 관심과 사랑을 애타게 기다렸지만
당신은 그 사람이 원하는 일도 기뻐하는 일도 해주지 못했다.

그 사람은 날이 갈수록 이전과는 다른 모습으로 변해갔다
어느날 문득 마주친 그 사람은
너무나 초라하고 낯선 모습으로 서 있었다

그 사람은
바로 당신이 그동안 제대로 마주하지 않았던
당신이 진정 사랑해주지 못했던
당신 자신이었다.

Activity 3-1

자아존중감 높이기 실천 I

- **나에 대해 구체적으로 적어보기**

1. 내가 생각하는 나의 장점 3가지와 단점 3가지

2. 내가 잘할 수 있는 것과 잘하지 못하는 것 각각 1가지

3. 주변 사람(가족, 친구 등)들이 이야기해 주는 내가 잘하는 것 3가지

2. 예의 실천을 통한 자존감 향상 전략

1) 대한민국의 전통적인 인사법

(1) 절하기

절은 우리 전통의 인사법이다. 현재는 과거에 비해 절을 하는 경우가 줄어들었지만, 어른을 뵙고 예의를 갖춰 인사를 드릴 때나 관혼상제 등의 의식행사에서는 절이 빠질 수 없다. 특히 명절에는 절을 하고 어른께 덕담도 들으면서 몸에서 우러나오는 예를 느끼게 된다. 때와 장소에 따라 절하는 방법이 다르므로, 평소에 잘 익혀 두면 갑자기 절을 하게 되더라도 당황하지 않고 좋은 모습을 보일 수 있을 것이다.

① 절의 의미

절은 공경하는 마음을 나타내는 행동방식이다. 절하는 대상은 사람뿐만 아니라 공경해야 할 어떤 상징에 대해서도 한다.

② 절의 종류와 대상

- **큰절**: 자기가 절을 했을 때 답배(答拜)를 하지 않아도 되는 높은 어른에게 평상시 또는 의식행사에서 한다(자기와 배우자의 직계존속, 8촌 이내의 근친 연장존속, 특별한 의식행사에서 한다).

- **평절**: 자기가 절을 하면 반절로 답배를 해야 하는 어른, 또는 평절로 맞절을 해야 하는 대상에게 평상시 또는 의식행사에서 한다(선생님, 아버지의 친구, 친구의 아버지, 연장자, 상급자, 배우자, 형님, 누님, 형수, 시숙, 시누이, 올케, 제수, 친구 사이).

- **반절**: 반절에는 약식 반절과 한 팔만 짚어주는 반절이 있다. 웃어른이 아랫사람의 절에 답배할 때 하는 절이다(성년인 아랫사람, 즉 제자, 친구의 자녀, 자녀의 친구, 10년 차 이내의 남녀 동생, 8촌 이내로 10년 차 이내의 연장비속, 친척이 아닌 16년 이상의 연하자).

③ 절의 횟수(回數)

- 절의 횟수는 홑절과 겹절이 있다. 홑절은 기본횟수로서 남자는 양(陽)이라 최소 양수(陽數)인 1번이고, 여자는 음(陰)이라 최소 음수(陰數)인 2번이다. 겹절은 남녀가 모두 기본횟수의 배(倍)인 남자는 2번, 여자는 4번이다.

- 옛날에는 산 사람에게 절을 많이 할수록 좋게 여겼으나 현대는 기본횟수만 하고, 의식행사에서는 기본횟수의 배인 겹절을 한다. 절을 받는 어른이 시키는 대로 절의 격을 낮추기도 하고 횟수를 줄이기도 하며 절을 하지 않을 수도 있다.

정리하기

1. 나에 대해 자랑하고 싶거나 나의 장점이라고 생각하는 부분을 3가지 이상 작성해 보자.

2. 자기긍정성을 통해 자아존중감을 높일 수 있는 방법이 무엇이 있을지 생각해 보자.
   예) 가족들과 대화를 내가 먼저 주도하기, 엘리베이터에서 내가 먼저 인사하기 등

MEMO

Chapter

04

인성과 자기긍정성 II

학습목표

1. 자기긍정성과 실천방안을 위해 생활 속에서 나의 모습(언어사용)을 성찰하고 학교사랑 실천방안을 모색한다.

Warming-up

1. 내가 속해 있는 대학(학교)을 긍정적인 마음으로 자랑스럽게 생각해야 되는 이유를 조원들과 이야기나누어 보자.

2. 내가 주로 사용하는 언어는 긍정적인 언어인가? 부정적인 언어인가?
요즘 청소년과 청년기인 대학생들에게도 만연되고 있는 욕설, 은어, 비어 사용의 주된 원인은 무엇인지 생각해 보자.

1. 자기긍정적 마음 함양

1) 긍정적 마음

(1) 긍정적 마음의 중요성

긍정적 마음을 가지는 것은 자기 존중을 형성하기 위한 첫 번째 마음가짐이다. 실패의 상황과 좌절을 경험했을 때 부정적으로 생각하고 느끼며 얻은 결과를 긍정적으로 생각하여 회복 탄력성을 가지게 하는 원동력이 된다. 또한 자신이 평소에 느끼고 있는 열등감을 스스로 극복하여 타인과의 관계에서 자기를 존중할 수 있는 힘이다.

아들러(Adler)에 따르면 인간에게 궁극적으로 필요한 것은 공동체에 공헌하고자 하는 공동체 감각이며, 이러한 공동체 감각을 형성하기 위한 기초로서 자기 수용을 강조하고 있다. "운명의 주인공은 자신이다."라고 하였는데 이는 사람이 환경이나 과거의 사건으로부터 영향을 받지만 사실 그것을 어떻게 받아들이고 행동하고 태도를 행하는 것은 전적으로 자신에게 달려 있다는 것이다. 즉 과거나 환경, 상대방(불편한 타인 등)은 바뀌지 않으나 자신의 생각은 스스로 바꿀 수 있다는 것이다.

또한 문제의 원인에 집착해 "왜 이렇게 되었을까?"하고 아무리 고민하고 불만을 표현해도 문제는 해결되지 않는다. 따라서 "어떻게 해결할 수 있을까?"하고 미래로 방향을 전환시켜 긍정적으로 생각하고 도전하는 태도가 중요하다.

열등감은 타인과 비교하여 자신이 부족하다고 생각하거나 자신이 원하는 목표와 현실적인 자신과의 거리에 직면했을 때 나타나는 부정적인 감정을 의미하는데, 이러한 열등감 역시 긍정적인 사고 체계로 전환한다면 '건강하고 정상적인 노력과 성장에 대한 자극'이 될 수 있다. 긍정적인 마음으로 자기 결정성을 바탕으로 목표를 향하여 인생을 살아간다면 열등감 또한 자기 편으로 충분히 만들어 낼 수 있다.

2. 긍정적 언어 사용

생각은 언어로 나타나며 언어는 행동을 지배하게 된다. 인간이 가진 생각은 언어, 즉 말과 행동으로 나타나며 우리는 이를 근거로 상대방의 인성을 평가하고 관계 설정 여부를 결정하기도 한다.

일반적으로 인간은 동물과 다르게 언어를 사용하면서 의사소통을 한다. 그중에서도 거의 절반 이상의 시간을 듣는 데 소비한다. 인간의 삶에서 언어를 사용하여 의사소통하는 것은 인간관계를 형성하고 유지하는 매개체이기 때문에 효과적인 언어 사용은 원만한 인간관계의 필수요소가 된다.

아름다운 언어를 사용하면 자신의 품격이 높아지고 나도 함께 성장합니다.
"친구야 올바른 언어 사용하자"

나를 키우는 말 - 이해인

행복하다고 말하는 동안은
나도 정말 행복한 사람이 되어
마음에 맑은 샘이 흐르고

고맙다고 말하는 동안은
고마운 마음 새로이 솟아올라
내 마음도 더욱 순해지고

아름답다고 말하는 동안은
나도 잠시 아름다운 사람이 되어
마음 한 자락 환해지고

좋은 말이 나를 키우는 걸
나는 말하면서 다시 알지

1) 청년기 언어문화

요즘 청소년들과 청년기인 대학생들에게도 만연되어 있는 욕설 및 은어 · 비어 사용은 언어만의 문제가 아니라 일종의 문화 현상이며, 그 내용 자질이나 소통 윤리 면에서 부정적인 측면이 많다. 그리고 이러한 부정적인 요소들은 그들의 인성에 큰 영향을 미치며 우리 사회구성원들의 인성이 황폐해지고 있음을 단적으로 보여주고 있다.

현대사회는 소셜네트워크, 즉 SMS와 같은 미디어 매체의 발달과 등장으로 무한 소통의 시대를 열어가고 있다. 따라서 빨리 소통할 수 있는 채팅 용어나 기타 인터넷 용어들이 사용되면서 사회 곳곳에서는 소통의 부족 또는 부재에 대한 문제가 발생하고 있다.

사실 이는 소통을 확장시키려는 노력이지만 정작 진정한 의미의 소통은 원활히 이루어지지 못하고 있는 실정이다.

언어문화 중 부정적 언어 사용, 즉 "불량 언어" 혹은 "불건전 언어"의 유형은 다음과 같다.

- **욕설**: 남의 인격을 무시하거나 모욕적인 말 또는 남을 저주하는 말로 공격성을 지닌 언어 표현
- **비속어**: 어떤 대상을 무시하는 태도를 가진 말이나 저속한 말로 반항적 심리가 작용하는 언어 표현
- **은어**: 특정 집단의 구성원끼리 통용되는 말로 일탈 욕구나 퇴폐적 풍조 등이 반영된 언어 표현
- **유행어**: 사회에서 사회심리적 요인에 의하여 일시적으로 유행하는 언어 표현
- **통신언어**: 인터넷 통신이나 소셜네트워크(SNS) 등과 같은 온라인상에서 통용되는 특정한 언어 표현

비속어 욕설 등 공격적 언어 표현과 은어, 유행어 사용이 증가하고 있으며, 아무런 비판이나 문제점의 인식 없이 사용하고 있는 것이 우리의 현실이다. 이 때문에 사회의 건전성 및 건강성이 상실되어 가고 있다. 이는 학교 문화에도 악영향을 미치고 있다.

욕설과 비속어 등의 사용을 줄이는 가장 효과적인 방법은 본인 스스로 그러한 표현을 사용하는 것은 자신의 품격을 떨어뜨리고 대인관계에 문제를 일으킨다는 것을 자각하고 친구들에게 자제하도록 요구하는 분위기를 확산시키는 것이 중요하다. 또한 부모나 교사 교수의 적절한 통제가 절실히 필요하다.

오늘날 언어문화에 나타나는 여러 가지 문제는 한국 사회가 정보화 사회로 급속하게 발전하면서 감정과 표현을 여과 없이 소통시킴으로써 욕설 언어의 문화를 적극적으로 대처하지 못한 결과를 만들었다.

청소년의 언어 사용 실태를 보면 문제가 되는 언어 사용의 범위와 정도가 심각하다. 현재 청소년들의 언어는 비속어 등 왜곡된 언어가 잠식하고 있다. 비속어는 초등학생 97%, 중 · 고등학생의 99%가 사용한 적이 있다고 응답하였고, 은어나 유행어는 초등학생 97%, 중 · 고등학생의 경우 100%가 사용한 적이 있다고 응답하였다. 그리고 욕설, 협박, 저주, 조롱 등 공격적인 언어 표현도 문제이다. 특히 자신과 관련이 거의 없는 사람이거나 가족(어른)들에게도 그러한 표현을 사용하고 모르는 사람의 블로그에 공격적인 언어를 사용하고 있다.

또한 비속어 욕설 등 공격적 언어 표현과 은어 유행어 사용에 대한 용인 태도가 증가하고 있다. 공격적이고 비규범적인 언어를 아무런 비판이나 문제점의 인식 없이 사용하고 있다. 따라서 사회적 건전성 및 건강성이 상실되고 가정 경제 수준과 거주 지역의 도시화 정도 등의 사회인구학적 요인과 상관관계를 지니는 것으로 드러났다. 즉, 저소득층과 대도시에서 자란 청소년들이 이러한 표현을 많이 사용하는 것으로 드러났다.

그런데 욕설 언어는 무의식적인 기제로 작동하는 경우가 많다. 즉, 욕설에 어떤 의도가 담겨 있다기보다는 무의식적이고 습관적으로 욕설을 한다는 것이다.

따라서 언어는 우리의 생각을 교환하는 중요한 도구라는 인식하에 언어 순화가 건강한 정신과 연결되어 있다는 것을 인지하여 효과적인 언어 순화가 반드시 필요한 시점이다.

교육의 주체인 학교, 가정, 지역사회가 함께 참여하여 언어 순화 프로그램을 적용하여 무의식적으로 언어폭력을 행하고 있는 우리 학생들에게 건강한 의사소통을 할 수 있도록 건전한 대한민국 문화를 만드는 것이 필요하다.

MEMO

Activity 4-1

나의 사랑 나의 학교

가족 및 친지, 친구들에게 나의 대학교를 소개하여 보자.

1. 연혁 / 교육이념

2. 학교상징물

3. 심벌마크 / 로고

4. 기타

Activity 4-2

나의 언어 사용 습관 성찰

다음의 상황에 적절한 문자와 예의 바른 이메일을 작성해 보자.

1. 성적 이의 신청 기간에 교수님께 드리는 문자

제가 왜 C인가용? B등급으로 올려주실 수 있나여?

TIP 글로 표현하는 문자는 형식과 예의를 갖춘다

➜

2. 본의 아니게 밤 10시에 교수님께 중간고사 날짜를 문의하는 문자

교수님 소문으로 들었는데요... 히히 이번 주가 중간고사인가요?

TIP 양해를 구하고 정중하게 표현한다

➜

3. 수업에 늦는 상황에서 교수님께 드리는 문자

교수님 저 늦을거 같아요 헉 지금 일어났거든요

TIP 은어, 속어, 비속어를 사용하지 않고 예의바르게 작성한다

➜

4. 교수님께 레포트를 제출하는 이메일 작성하기

TIP 제목은 내용을 함축하여 짧고 명료하게 작성한다
내용은 첫인사–본론–끝인사의 형식으로 작성한다

- 제목

- 내용

정리하기

1. 나 자신을 사랑하는 마음과 존중하는 태도를 갖기 위해 지금 실천하고 노력해야 하는 것은 무엇인가?

2. 내가 다니는 대학을 소중하게 생각하고 자랑스럽게 여기는 마음이 나의 삶의 미치는 영향을 생각해 보자.

3. 지금, 내가 이 대학에서 원하는 것은 진정 무엇인가?

Chapter

05

인성과 도덕성

학습목표

1. 도덕성의 의미를 알고 생활 속에서 도덕성을 함양하는 실천방안을 탐색해 본다.

Chapter

06

인성과 책임감

학습목표

1. 책임감의 의미를 알고 생활 속에서 책임감을 함양하는 실천방안을 탐색해 본다.

Warming-up

1. 현대인에게 책임감의 분산이 나타나는 이유는 무엇이라고 생각하는가?

2. 책임감을 실천하는 원칙이 있다면 무엇이라고 생각하는가?

3. 대학생으로서 지켜야 할 책임감과 나아가 대한민국 국민으로서 지켜야 할 책임감이 있다면 무엇이라고 생각하는가?

※ 책임감을 실천하는 9가지 원칙

단계	원칙	관계
1원칙	신뢰의 눈높이를 맞추라	신뢰의 재구성
2원칙	선택의 주체가 누구인지를 분명히 밝혀라	책임의 주체
3원칙	정직성의 힘을 이해하라	정직성의 힘
4원칙	목적은 언제나 명확해야 한다.	명확한 목적
5원칙	주변 사람들을 참여시켜 실행 목록을 만들라	헌신을 만드는 실행 전략
6원칙	여러 역할을 수행하는 리더가 되어라	다면적 리더십
7원칙	자신의 커뮤니케이션을 점검하라	효과적인 의사소통
8원칙	차이를 존중하고 공감하라	갈등해결의 기술
9원칙	때로는 과감하게 위험을 감수하라	위험 감수를 지지하는 문화

MEMO

Activity 6

1. 내가 속해 있는 가정, 내가 속해 있는 학교, 나아가 사회 및 세계시민으로서 나에게 기대하는 책임감 있는 태도가 무엇인지 정리해 보고, 실천할 수 있는 영역에 대한 나의 노력이 무엇인지 함께 의논해 보자.

가정

학교

사회 및 세계

정리하기

1. 우리 주변에서 책임감 있는 리더의 특성이 있는지 생각해 보자.

2. 내가 속한 가정, 학교, 사회 등에서 나의 책임감 있는 태도나 행동에 대해 점검하고 현재 환경에서 변화해야 할 것이 무엇인지 생각해 보자.

   - 나의 성장이나 변화를 위해 어떤 유형의 사람들이 도움이 된다고 생각하는가?

   - 조별 프로젝트에서 다른 구성원 간 의견을 조정하고 합의하면서 그 프로젝트 관리 책임을 맡게 된다면 나는 어떠한 영향을 줄 것인가?

MEMO

Chapter

07

공동체 안에서의 소통

학습목표

1. 의사소통의 개념과 구성요소를 설명한다.
2. 언어적 의사소통과 비언어적 의사소통을 일치시켜 진정성 있게 자신을 표현한다.
3. 나-전달법과 같은 공감적인 의사소통 방식을 익힌다.

Warming-up

1. 우리가 살아가는 공동체 안에서 소통이 중요한 이유는 무엇인가?

2. 주변인 혹은 유명인 중에서 소통을 잘하는 사람이라고 하면 떠오르는 사람이 누구인가? 그 사람이 소통을 잘한다고 생각한 이유는 무엇인가? 그 사람의 태도, 말의 내용, 비언어적인 측면 등은 어떠한가?

3. 소통이 어려운 사람을 떠올려보자. 어떤 특성을 가지고 있는가?

1. 의사소통의 의미

1) 의사소통의 정의

의사소통(communication)의 어원은 'communis'(공통, 공유)로, '상호 공통성을 나누어 갖는다'는 의미가 있다. 둘 이상의 사람들 사이에서 각자가 어떤 생각을 하는지, 어떤 감정을 느끼는지, 자신이 바라는 것이 무엇인지, 상황을 어떻게 바라보는지, 여러 가지 정보, 지식, 사실 등을 나누며 서로를 이해하고 공통성과 공감대를 만들어가는 과정이 바로 의사소통이라고 할 수 있다. 다른 사람에게 영향을 주고 다른 사람을 이해하는 데 사용되는 모든 수단이 의사소통이 될 수 있으며, 의사소통은 정신적 · 심리적 내용을 전달하고 교류하는 과정이다.

2) 공동체 안에서 의사소통의 중요성

우리가 다른 사람들과 함께 살아갈 때 자신의 생각과 감정을 나눌 수 있는 의사소통이 없다면 어떤 일이 생길까? 생존에 중요한 정보를 교류하지도 못하고 문제가 있었을 때 함께 해결하기도 어려우며 타인과 함께 공동체를 이루며 집단 안에서 살아야 하는 사회적 동물인 인간이 생존해 나가는 데 매우 큰 어려움을 초래할 것이다. 또한, 의사소통은 관계 형성에 필수 조건으로 타인과 소통하지 않는다면 관계 형성이 어려워지고 고립된 생활을 하기 쉬우며, 정서적 · 사회적 · 생리적 · 물리적 욕구를 충족시키는 데 어려움이 있겠다. 따라서, 의사소통은 공동체를 형성하고 유지 · 발전시키는 데 필수적이며 공동체 안에서 자신의 욕구를 충족시키는 데 중요한 수단이 된다. 타인과 의사소통이 원활하게 되어야 자신의 욕구도 잘 충족할 수 있으며 상대방과 타협이나 협업도 가능하다. 이를 위해서 정확하고 진정성 있는 자기표현과 타인에 대한 공감적 경청 능력이 중요하다.

2. 의사소통의 구성요소

의사소통은 송신자(화자), 수신자(청자), 전달하고자 하는 메시지, 메시지에 대한 피드백의 4가지 요소로 구성되어 있다.

1) 송신자

송신자는 자신의 생각, 감정, 의도 등을 말로 전달하는 사람으로 화자를 의미한다. 송신자는 자신이 전달하고자 하는 생각이나 감정 등을 인식하고 이를 정확하게 상대방에게 전달하는 능력이 필요하다.

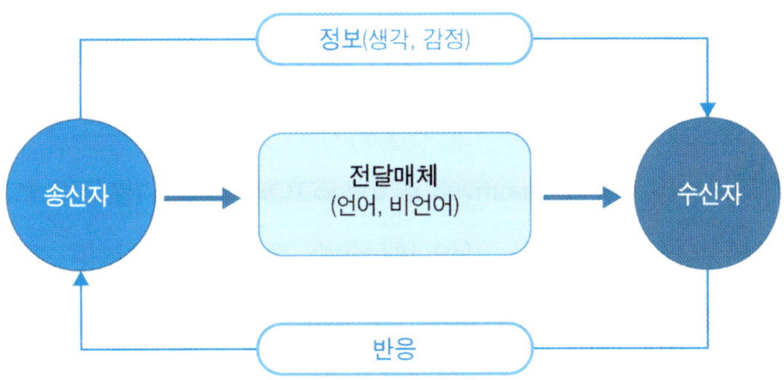

2) 수신자

수신자는 송신자의 메시지를 듣고 받아들이는 사람으로 청자를 의미한다. 수신자는 송신자의 메시지를 있는 그대로 이해하는 것이 중요하며 자신의 편견이나 판단, 감정이 개입되어 송신자의 메시지를 왜곡, 무시, 간과하지 않도록 하는 것이 필요하다.

Chapter

08

소통의 기술

학습목표

1. 나-전달법을 활용하여 자신의 의견이나 감정, 욕구를 상대방에게 명확하게 전달한다.
2. 공감과 경청의 개념을 이해하고 자신이 파악한 상대방의 감정, 욕구, 바람을 반영하여 의사소통한다.

사례 2. 친구가 연락 없이 약속 시간에 1시간을 늦어 화가 나고 속상하며 친구가 걱정된 상황

1) 약속 시간에 늦은 친구에게 나-전달법으로 말하기

2) 늦은 친구가 화가 난 친구에게 공감하여 듣고 반응하기

MEMO

정리하기

공감적 대화 역할극

※ 공감적 대화 역할극 대본을 만들어서 실습 후 생각해 보기

① 누군가와 관계에서 불편했던 상황은 어떤 상황인가?
② 내 상황 및 조원들의 상황을 간략히 적어본다.

조원 이름	상황

※ 이 중 한 가지 주제를 선택하여 나-전달법 말하기와 공감적 경청하기를 적용하여 역할극 대본을 써 본다.

Chapter

09

인성실천방안 계획

학습목표

1. 다양한 의견을 종합하여 인성실천계획을 목적에 맞게 수립하고, 인성실천계획을 명확하게 발표한다.

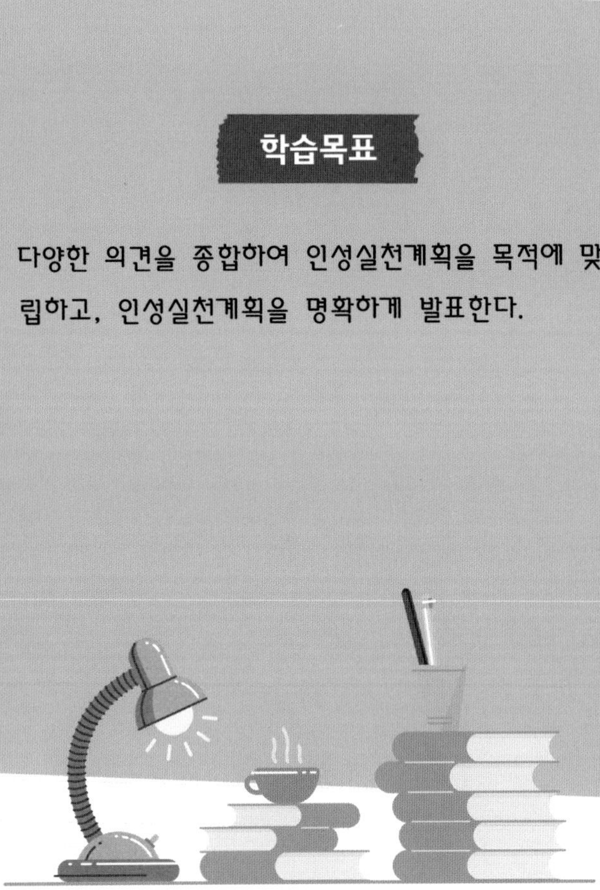

Warming-up

1. 내가 생각하는 인성에서 중요한 요소와 그 이유는 무엇인가?

2. 친구들과 함께 활동해 보고 싶은 것은 무엇인가?

3. 나의 생활에서 바른 인성이 드러나는 부분은 무엇인가?

1. 팀 빌딩: 협동하기

◈ 비대면 수업일 때 ◈

그림을 말로 전달하기

팀에서 화가 1명, 전달자 5명, 관찰자 1명을 정한다. 교수자가 그림을 전달자 1번부터 5번까지 차례대로 보여준다. 그 후 전달자는 화가에게 본 그림을 말로만 설명한다. 전달자 1번부터 5번까지 화가에게 그림에 대해 말로 설명을 들은 화가는 그림을 완성한다. 그 과정을 지켜보는 관찰자가 그림에 대한 전달 과정이 어떻게 이루어졌는지 관찰 내용을 메모한다. 관찰자가 지켜보는 동안 팀원들의 단합된 모습은 어떻게 나왔는지 혹은 부족한 부분은 무엇이었는지 작성해서 발표한다.

전달자가 그림을 보는 시간은 1분이며, 그림에 대한 설명을 화가에게 하는 시간은 2분으로 정한다. 해당 전달자가 그림에 대해 말하는 동안 다른 전달자들은 침묵을 지킨다. 화가는 그림에 대해 질문할 수 있으며 화가 이외의 사람들은 화가가 그리는 그림 종이를 만질 수 없다. 또 전달자가 그림에 대한 설명을 할 때에는 제스처를 쓸 수 없다. 규칙을 준수하며 그림을 완성하도록 교수자가 살펴본다. 그림이 완성되고 각 팀의 완성된 그림을 모두가 확인할 수 있도록 보여준다. 그 후 교수자가 가진 정답 그림을 보여주고 그림이 얼마나 다른지 확인해 본다.

만약 온라인으로 진행 시 전달자 1명, 화가 5명, 관찰자 1명으로 정해서 전달자 1명만 그림을 확인하여 말로 설명하도록 한다.

이 활동을 통해 팀별 단합과 협동을 이끌어 내도록 한다.

◈ 대면 수업일 때 ◈

종이 빌딩 세우기

각 팀별로 A4용지 7장을 나누어 준다. 그 후 제한 시간 10분을 주고 종이를 활용하여 가장 높은 빌딩을 세우는 팀이 승리하는 게임이다. 팀원들은 마음껏 의견을 주고받을 수 있으며 서로의 생각을 공유하여 높은 빌딩을 세우도록 한다. 종이 빌딩이 완성된 뒤 5초 동안 무너지지 않아야 성공으로 인정한다.

종이 빌딩을 만드는 과정을 통해 단합과 협동심을 이해하고 실천할 수 있다.

MEMO

2. 인성실천방안 계획하기

1) 의사결정

(1) 팀 역할 정하기

팀원들의 의견을 반영하여 각 팀의 역할을 정하도록 한다. 앞서 진행된 활동을 통해 서로에게 맞는 역할을 추천해 주어도 좋다. 계획서 작성, 사진이나 동영상 편집, 발표자 등의 역할을 정해 본다. 계획에 대한 내용들은 모두 의논하고 역할 분담을 통해 세부적인 일을 담당하도록 한다.

(2) 실천 내용

팀장의 주도 아래 팀원들이 생각하는 인성실천에 대한 의견을 나누도록 한다. 각자가 생각하는 인성에서 중요한 요소들을 말해 보고 그 중 다루고자 하는 주제를 정해 본다. 그 주제에 따라 할 수 있는 활동들에 대해 의견을 나눈다. 그리고 활동할 수 있는 방안을 결정하여 팀원들이 함께 할 수 있는 시간과 장소를 정하도록 한다. 정해진 인성실천방안은 일주일 동안 매일 이루어질 수 있도록 하며 활동에 대한 사진이나 동영상으로 기록한다.

계획을 모두 실천한 뒤 팀원들이 협동하여 프레젠테이션을 완성한다.

3. 인성실천방안 평가 항목

1) 평가 항목

<table>
<tr><td rowspan="4">인성 캠페인 프로젝트</td><td>계획</td><td>- 팀활동 (+발표)</td><td>계획서</td><td>교수</td><td>10</td><td rowspan="4">30</td></tr>
<tr><td rowspan="2">수행</td><td rowspan="3">- 역할 나누기
- 수행 및 결과 정리
- 보고서 작성
- 결과 발표</td><td>참여도(동료평가)</td><td>학생</td><td rowspan="2">10</td></tr>
<tr><td>성찰일지</td><td>교수</td></tr>
<tr><td>결과보고</td><td>결과보고서</td><td>교수</td><td>10</td></tr>
</table>

2) 평가준거

인성 캠페인 프로젝트 계획서를 작성할 때 고려할 내용은 다음과 같다.

- 인성 프로젝트 주제의 명확성 및 적절성
- 주제, 내용, 실천계획 등의 구체성
- 개인별 구체적인 역할
- 주제-내용-실천계획 간의 일관성

한편, 인성 캠페인 프로젝트를 수행하고 난 뒤 보고서 및 발표에 포함될 내용과 작성시 고려할 내용은 다음과 같다.

- 인성 프로젝트 주제(적절성 및 명확성)
- 주제에 따른 활동내용 및 활동방법(연계성, 구체성, 적절성)
- 구성원 각자의 구체적인 실천 내용(사진, 영상, 보고서의 기술 내용)(구체성, 풍부성, 조직화 정도)
- 성찰 내용(개인적인 수준에서의 성찰내용의 풍부성 및 유의미성)

- 집단 토의를 통해 프로젝트의 의미를 제 측면에서 찾기(팀 수준에서 의미의 다양성 및 풍부성, 조직화 정도)

3) 참여도 평가 *평가는 15주차에 실시하되 학생들에게 공지

- 인성캠페인 활동에 대한 동료평가로 각 문항에 해당되는 조원 중 3명을 골라 5점 1명, 4점 1명, 3점 1명씩 점수를 작성한다.

행동지표		조원1	조원2	조원3	조원4	조원5
이름						
자기 긍정성	1. 자신과 주변에 대해 긍정적으로 표현하였다.					
	2. 과제 수행 시 어려움에 직면했을 때 적극적으로 해결하려고 한다.					
도덕성	3. 팀내에서 역할을 공평하게 맡으려 하였다.					
	4. 각자의 역할을 정직하게 수행하였다.					
	5. 타인의 의견을 존중하였다.					
책임감	6. 각자에게 주어진 일을 남에게 미루지 않고 최선을 다해서 수행하였다.					
	7. 최고의 결과를 이루기 위해 적극적으로 과제를 수행하였다.					
자기 표현	8. 온/오프라인 상호작용(예: 카카오톡) 시 적극적으로 의사소통하였다.					
	9. 말과 표정(언어적 · 비언어적 메시지)을 일치하여 진정성 있게 전달하였다.					
이해와 공감	10. 상대방이 말할 때 적극적으로 경청하였다.					
	11. 대화할 때 상대의 욕구와 감정을 확인하며 소통하였다.					
조정과 협력	12. 조원 간 의견이 다른 갈등 상황에서 나와 상대방의 욕구를 모두 충족시킬 수 있는 협력적인 문제해결을 하였다.					

4) 활동계획서 작성

※ 조별 작성

인성실천활동 계획서

조 이름		계획서 작성자	
조원 이름	조장: 조원:		

1. 인성실천활동명 및 주제

2. 인성실천활동의 필요성

3. 인성실천활동의 목적

4. 구체적인 인성실천 활동계획(줄 추가해서 사용)

수행일시	활동내용	수행방법

5. 역할 분담(줄 추가해서 사용)		
담당자	활동에서 수행한 역할	수행방법

6. 예상되는 장애물

7. 예상되는 장애물에 대한 대처방법

8. 인성실천활동의 기대 효과

Activity 9-1

마인드맵 만들기

〈예시〉

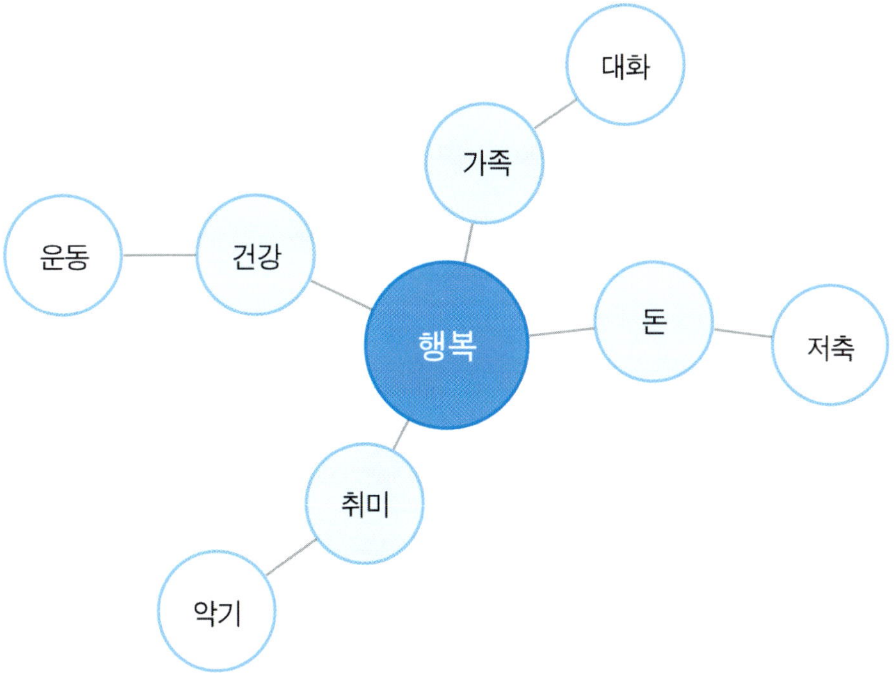

Activity 9-2

조별로 인성실천 프로젝트 계획을 수립한다.

MEMO

정리하기

1. 나는 우리 팀의 인성실천 계획 수립을 위해 어떤 노력을 하였는가?

2. 우리 팀의 장점과 단점을 하나씩 말해 보자.

3. 인성실천을 통해 달라진 나의 생각은 무엇이 있는가?

Chapter 10

소통과 갈등

학습목표

1. 갈등상황에서의 해결전략 유형과 갈등관리 전략을 설명한다.
2. 갈등해결의 중요성을 알고 효과적인 방법으로 문제를 해결한다.

Warming-up

1. 다음의 이야기를 읽고 느낀 점을 조별로 토론하여 봅시다.

2002년 11월, 전 소련 공산당 서기장 고르바초프가 하버드 대학교에 초청돼 강연회를 가졌다. 구소련의 체제를 변화시키고 동서 냉전을 종식시킨 페레스트로이카 정책을 회고하는 내용이었다. 강연 후 고르바초프는 질의응답 시간에 서머스 하버드대 총장의 질문에 답하며, 미소 정상회담의 막후 일화를 다음과 같이 공개했다.

> 제네바에서 첫 회담을 할 때였다. 나는 레이건 대통령에 대해 '진짜 공룡(a real dinosaur)'이라고 내 주변 사람들에게 얘기했다. 레이건 대통령은 나에 대해 '진짜 완고한 공산주의자(a real diehard communist)'라고 했다. 그런데 얼마 후 레이건 대통령이 나에게 말했다. "먼저, 우리 이름(first name)으로 부르도록 합시다. 나는 당신을 마이클(Michael, 고르바초프의 이름 미하일의 영어식 애칭)이라 할 테니, 당신은 나를 론(Ron, 레이건의 이름 로널드의 애칭)이라고 부르세요." 그 다음부터 상황이 변하고 서로의 관계가 좋아지기 시작했다. 우리는 함께 중요한 결정을 할 수 있었고, 결과적으로 많은 쟁점을 해결할 수 있었다.

「Harvard University Gazette」 2002. 11. 14.
출처: 강영진(2009)

1. 갈등의 유형

1) 갈등의 정의

갈등(conflict)은 둘 이상이 대립할 때 생기며 양립할 수 없는 목표를 가지고 충분하지 않다고 여겨지는 자원을 서로 차지하기 위해 다툴 때 발생한다. 갈등이 생기는 이유는 상대가 자신이 원하는 것을 가지지 못하도록 방해한다고 생각하기 때문이다. 상대가 없으면 아무 문제없이 자신이 원하는 것을 얻을 수 있다고 생각한다. 그런데 갈등을 겪는 사람들의 관계는 상호의존적이다. 즉, 갈등은 '양립할 수 없는 목표와 불충분한 자원을 둘러싸고 대립하는 둘 이상의 상호의존적인 당사자들이 상대가 방해된다고 여길 때 발생하는 다툼'이라고 정의할 수 있다(정주진, 2016). 갈등은 한자어 '葛藤'으로 칡과 등나무라는 뜻이다. 칡나무 덩굴과 등나무 덩굴이 서로 뒤엉킨 것처럼 일이 풀기 어려운 상태를 말한다.

세상을 살아가면서 어떤 집단에서 어느 누구와도 갈등은 생길 수 있다. 갈등은 피한다고 없어지는 것이 아니다. 중요한 것은 갈등이 왜 발생하고 이를 어떻게 관리(manage)할지 대처방법을 다양하게 만들어 나가는 것이다. 갈등은 기회가 될 수 있다. 서로 다른 다양한 요구와 아이디어, 목표, 가치관 등이 함께 어우러져 공동의 목표를 해결하고 달성할 때 개인이든, 집단이든 한 단계 성장하게 된다.

2) 갈등의 유형

르윈(Lewin, 1935)은 갈등을 접근과 회피의 관계로 기술하고 있다. 어떤 것이 매력적일 때 접근하길 원하는 반면, 위협적일 때는 그것을 회피하려 한다고 본다. 이

목표를 중심으로 한 갈등에는 다음의 4가지 유형이 있다.

첫째, 접근-접근 갈등이다. 두 가지 이상의 긍정적 목표에 접근하려고 하지만 그 목표가 상호 배타적인 경우에 발생하는 갈등이다. 예를 들어, 물건을 살 때 하나는 가격이 합리적이라 마음에 들고 하나는 디자인이 마음에 들어 고민하는 경우가 해당된다.

둘째, 회피-회피 갈등이다. 회피하고 싶은 두 가지의 부정적인 목표 중 하나를 선택해야만 하는 경우에 발생하는 갈등이다. 예를 들어, 수강신청을 할 때 두 과목 다 마음에 들지 않지만 하나를 선택해야 하는 경우가 해당된다.

셋째, 접근-회피 갈등이다. 동일한 목표에 대해 매력을 느끼는 동시에 그것을 싫어할 때 발생하는 갈등이다. 예를 들어 성적을 잘 받고 싶지만 공부는 하기 싫은 경우가 해당되며, 마음에 드는 친구에게 데이트를 신청하고 싶은데 거절당할까 봐 망설이는 경우도 해당된다.

넷째, 이중 접근-회피 갈등이다. 각각 접근-회피 갈등을 보이는 두 가지의 목표 중 하나를 선택해야 하는 경우에 발생하는 갈등이다. 예를 들어, 보수는 많지만 안정적이지 않은 직장과 안정적이지만 보수가 적은 직장 중에서 선택을 해야 할 때 나타나는 갈등이다.

2. 갈등의 원인

무어(Moore, 2003)는 갈등의 원인을 다섯 가지로 범주화했는데 다음과 같다.

첫째, 이해관계 갈등으로 한정된 자원이나 권력을 분배하는 과정에서 빚어지는 갈등이다. 주로 이해관계를 분배하는 과정이나 절차에 대한 입장의 차이에서 비롯된다.

둘째, 사실관계 갈등으로 하나의 사건이나 자료, 언행 등에 대해 서로 다르게 해석함으로써 생기는 갈등의 원인이다.

셋째, 가치관 갈등으로 신앙, 신념 또는 문화의 차이에서 비롯된 것으로 가치관은 고정관념화되고, 편견화되면서 더 양립할 수 없는 것으로 인식되게 만드는 경향이 있다.

넷째, 인간관계 갈등으로 서로 간의 불신이나 오해로 인해 상호관계가 벌어지는 갈등으로 의사소통이 잘 이루어지지 않음으로 해서 오기도 하고 분노, 증오 등 서운한 감정이 쌓여 서로에 대한 부정적 감정과 불신으로 나타난다.

다섯째, 구조적 갈등으로 사회의 구조적인 요인, 즉 잘못된 제도, 관행 등으로 발생되는 갈등으로 차별, 억압적인 구조는 갈등이 나타날 수밖에 없다.

3. 갈등관리전략의 유형

1) 루턴스의 갈등해결전략

루턴스(Luthans, 1981)는 갈등해결전략을 세 가지 접근법으로 나누어 설명한다.

첫째, 패자-패자 접근법은 갈등 당사자 모두가 손해를 감수해야 하는 해결전략이다. 이때 갈등 당사자들은 누구도 완전히 만족하지는 못하지만 최소한 한쪽 편이 전적으로 승리하거나 패배하지도 않는 중간 절충안을 선택할 수 있다.

둘째, 승자-패자 접근법은 갈등이 해결되려면 한쪽은 승리하고 한쪽은 패배할 수밖에 없는 갈등해결전략이다. 이는 갈등 당사자의 한쪽이 얻는 가치만큼 다른 쪽이 손해를 보아야 하기 때문에 그다지 선호되지 않는 방식이다.

셋째, 승자-승자 접근법에서는 갈등을 승리하기 위한 싸움이 아니라 문제해결이 주된 관심사이고 어느 쪽도 패자가 되지 않게 해결될 수 있다는 생각에 기초하고 있다. 이러한 측면에서 루턴스는 승자-승자 접근법이 성취하기는 어려운 방식이나 갈등해결의 최대 목표가 되어야 한다고 주장한다.

2) 토마스의 갈등관리전략

토마스(Thomas, 1976)는 대인 갈등해결을 위해 자신의 이익을 만족시키려는 정도와 상대방의 이익을 만족시키려는 정도의 두 차원을 이용하여 2차원 모형의 갈등관리전략을 제시하였다.

두 차원을 서로 결합시키면 인간관계 갈등관리전략은 다섯 가지로 분류된다.

첫째, 회피－보류는 갈등상태에서 얻게 되는 장점을 전혀 보지 못하고 개인적으로 갈등상태에 대처하려 하지도 않는다. 갈등문제로부터 물러나거나 이를 피함으로, 자신뿐만 아니라 상대방의 관심마저 무시하는 유형이다.

둘째, 경쟁－대립은 자기주장이 강하고 자신의 목표를 우선으로 삼기 때문에 경쟁적인 태도를 가진다. 자신의 목표를 이루기 위해 자신의 입장을 고수하며 상대방을 압도함으로써 갈등을 해결하는 유형이다.

셋째, 순응－양보는 자신의 목표보다는 상대와의 관계를 생각해서 상대의 목표에 맞춰 문제를 푼다. 갈등은 필연적으로 생기게 되지만 훌륭한 인간관계를 유지하기 위하여 자신의 관심사는 버려두고 상대방의 관심사를 충족시켜 주는 위해 상대방의 요구나 입장을 주로 수용함으로써 갈등을 해결하는 유형이다.

넷째, 타협－절충은 쌍방의 실익을 생각해 상호교환과 희생을 통해 부분적 만족을 취함으로써 갈등을 해결하는 유형이다. 적당한 선에서 타협점을 찾는다.

다섯째, 협동－해결은 개인 간의 차이를 당연한 것으로 여기고 갈등의 해결은 정직한 상호토론과 협동을 통해서 할 수 있다는 생각을 갖는다. 서로의 목표도 추구하고 동시에 좋은 관계도 유지하면서 갈등을 해결하는 유형이다.

4. 상생적 문제해결의 원칙

상생적 문제해결의 원칙과 기법으로

첫째, 상대방과 나의 관심사를 연결한다. 서로의 목표가 충돌하는 것이 갈등이다. 각자 자신의 목표를 이루는 데에만 몰두하기에 갈등해결에 실패하는 것이다. 상대방이 원하는 것에 관심을 갖고 서로 연결해야 문제를 해결하고 갈등을 풀 수 있다. 연결할 때, 먼저 상대방의 관심사에 초점을 맞추는 것이 좋다. 관심사(목표)는 이해관계, 가치관, 니즈 등 세 가지이다. 심각한 갈등 상황일수록 니즈에 기반한 인간적인 연결이 중요하다. 대화할 때도 먼저 인간적으로 이어지면 문제해결이 쉬워진다.

둘째, 해결책을 찾지 말고 먼저 문제를 찾는다. 문제가 무엇인지 정확하게 알아야 그에 맞는 해결책을 찾을 수 있다. 문제를 찾으려면 각자의 표면적 주장이나 요구 사항이 아니라 이면에 깔린 진정한 관심사에 초점을 맞춰야 한다.

셋째, 서로 원하는 것이 상충할 때 통합형 해법을 사용한다. 서로 원하는 것이 달라 갈등이 생긴 경우, 양쪽의 관심사를 함께 담을 수 있는 새 그릇, 즉 통합적 해결책을 창조하는 방식으로 해결한다.

넷째, 하나를 놓고 서로 다툴 때는 분해형 해법을 사용한다. 한쪽의 일 추진에 다른 쪽이 극렬하게 반대하는 등 단일한 대상을 놓고 서로 입장이 상충해 갈등이 벌어지는 경우 서로의 관심사를 구체적으로 파악해 그에 맞게 다툼의 대상을 분해함으로써 서로가 원하는 것을 이루도록 한다.

다섯째, 나누는 문제로 다툴 때는 분배적 해법을 적용한다. 분배 갈등을 다룰 때는 결과보다 절차에 초점을 맞춰야 한다. 절차가 공정하면 결과도 공정한 것으로 받아들이기 때문이다. 먼저 분배 절차와 기준을 함께 정한 뒤 그에 따라 분배가 이뤄지도록 한다.

여섯째, 원인이 다른 곳에 있을 때는 구조적 해법을 적용한다. 구조적 요인에 의해 갈등이 발생하는 경우, 당사자 간의 해결에 한계가 있다. 구조적 문제해결과 연계하거나(예: 의약분업) 혹은 그 한계를 인정하면서 당사자 간의 현안문제를 풀어가도록 한다.

일곱째, 가치관이 충돌할 때 존이구동(尊異求同)한다. 가치관이 상충해 벌어지는 갈등은 근본적인 해결이 어렵다. 서로의 차이는 존중하되 공통분모를 찾아 공동선을 추구하는 것이 바람직하다.

MEMO

Activity 10

1. 다음 상황에서 갈등을 어떻게 해결할지 생각해 보고 갈등해결과정을 기술한다. 내가 선택한 해결전략을 사용했을 때 갈등상황이 어떻게 해결될지 예측해 본다. 문제를 효과적으로 해결하기 위해서 어떻게 해야 할지 생각해 본다.

상황 1

방학을 맞아 친구들과 배낭여행을 가기로 약속했는데 필요한 경비 200만 원 중에서 50만 원만 가지고 있었다. 나머지 150만 원은 부모님께 지원해달라고 요청했는데 부모님께서 비용은 지원해줄 수 있으나, 배낭여행은 내년에 가라고 하셨다. 올해는 동생이 고3이라 시험 준비 중이고 내가 여행을 가면 동생이 심난해 할 수 있기 때문이다. 부모님의 경제적 지원 없이 여행이 불가능하며 동생에 대한 배려도 필요할 것 같은데 친구들과의 여행 약속을 포기하기에도 너무 아쉬운 상황이라고 한다면 어떻게 하겠는가?

상황 2

학과의 친한 친구와 수업을 같이 듣게 되었다. 나는 친구와 조를 이루어 연구보고서를 제출해야 하는 과제를 맡았다. 그런데 이 친구는 아르바이트와 연애하느라 바빠 과제를 제대로 해오지 않았으며 학점에도 별로 관심이 없었다. 그러나 나는 좋은 학점을 받고 싶어 보고서 작성에 많은 시간을 투자하고 있다. 혼자서 보고서 작성하는 것이 힘들 뿐만 아니라 친구에 대한 불만과 분노가 쌓이고 있다. 보고서 제출일이 앞으로 다가왔는데, 친구는 대충 써내자며 보고서 작성에 관심을 보이지 않고 스스로 맡은 부분도 약속한 시일 내에 하지 않고 있는 상황이라면 어떻게 하겠는가?

2. 갈등해결은 자신을 성장시킬 수 있다. 자신이 효과적으로 갈등을 해결한 경험을 쓰고 효과적이라고 생각한 전략은 무엇인지, 이 경험과 갈등해결을 통해서 무엇을 배웠는지 작성한다.

정리하기

갈등해결 유형 검사

다음은 인간관계에서 경험하는 갈등상황을 다루는 방식을 알아보기 위한 질문지이다. 다른 사람들과 당신의 의견이 일치하지 않는다고 가정하고 완성해 보자. 만약 떠오르는 갈등상황이 있다면 그것을 생각하면서 나의 반응이 어떤지 고르면 도움이 된다.

(1-전혀 아니다 / 2-대체로 아니다 / 3-보통이다 / 4-대체로 그렇다 / 5-매우 그렇다)

번호	문항	1	2	3	4	5
1.	현저한 의견 차이가 있을지라도 모든 의견이 동등하게 고려되고 검토될 수 있도록 열어놓는다.					
2.	모든 사람을 기쁘게 할 수 없으므로 나의 의견과 입장을 남들에게 분명히 이해시키는 데 노력한다.					
3.	내 입장을 분명히 하지만 그 수위를 조금 낮추어 어느 정도의 시점에서 해결책을 찾을 수 있도록 한다.					
4.	토론에서 잠시 벗어나 불편한 긴장상황을 피한다.					
5.	내 개인적 목표보다 다른 사람의 감정에 더 많이 신경을 쓴다.					
6.	나의 의견이 다른 사람과의 관계에서 영향을 주지 않도록 고려한다.					
7.	나의 의견을 설명하는 만큼 다른 사람의 의견도 이해하려고 부단히 노력한다.					
8.	다른 사람의 입장, 의견, 느낌보다 나의 목적에 우선순위를 둔다.					
9.	다름이나 차이가 일을 진행함에 있어 크게 걸림돌이 된다고 생각하지 않는다.					
10.	어느 정도 양보하고 얻을 수 있는 것을 얻는다.					
11.	나뿐만 아니라 다른 사람의 요구가 수용될 수 있도록 더욱 활발하게 토론에 참가한다.					
12.	남의 기분에 맞추기보다 내가 옳다고 생각하는 것을 주장하기 위해 최선의 노력을 기울인다.					

13.	내 주장만을 고집하지 않고 이성적으로 행동하지만 내가 반드시 찾아야 할 부분은 찾는다.					
14.	내 의견을 절대로 강요하지 않으며 남의 요구에 조금 뒤로 물러난다.					
15.	내 주장은 잠시 접어두고 다른 사람과의 관계에 더욱 신경을 쓴다.					
16.	다른 사람과의 직접적 접촉을 줄이고 적당하고 안전한 거리를 유지한다.					
17.	우선 결정해야 할 상황을 해결하고 나중에 관계개선을 위해 노력한다.					
18.	다른 사람의 감정을 풀기 위해 필요한 모든 조치를 취한다.					
19.	다른 사람의 요구를 수용하는 만큼 나의 요구도 관철되도록 한다.					
20.	타협을 이끌어냄으로써 일을 해결하고 다음 단계로 진행될 수 있도록 한다.					

채점 및 해석

유형	문항번호	점수 합계	나의 유형은?
협동/해결	1, 7, 11, 19		
경쟁/대립	2, 8, 12, 17		
타협/절충	3, 10, 13, 20		
회피/보류	4, 9, 14, 16		
순응/양보	5, 6, 15, 18		

점수가 높은 유형일수록 자신이 주로 대응하는 방식이라고 볼 수 있다. 가장 높은 점수인 유형이 가장 일반적이고 쉽게 갈등에 대처하는 방식이다. 두 번째로 높은 점수는 그 다음으로 많이 나타나는 방식이라고 할 수 있다. 만약 모든 유형의 점수가 비슷하다면 갈등대응에 있어 어느 특정 방식보다는 여러 가지 상황에 따라 다양하게 변할 수 있는 유형이라고 할 수 있다.

출처: 김종운(2021). 만남 그리고 성장을 위한 인간관계 심리학. 서울: 학지사.

※ 갈등관리 결과를 참고하여 자신의 갈등관리 유형이 무엇인지 파악해 보고, 갈등에 대처하는 태도나 자세에 있어서 보완해야 할 점이 무엇인지 생각해 본다.

MEMO

Chapter

11

소통과 친구관계

학습목표

1. 친구의 개념을 이해하고 다양한 친구관계의 기능과 유형을 탐색한다.
2. 친구관계의 3단계 발전과정을 이해하고, 친구관계의 약화 혹은 해체되는 원인을 알아본다.

Warming-up

1. 나의 가장 소중한 친구는 어떤 성향을 가지고 있는가?

2. 소중한 친구는 나를 어떤 사람으로 생각하는가?(친구에게 질문하기)

3. 친구관계에서 가장 중요한 요소는 무엇인가?

다섯째

2) 친

(1) 우

우정의

첫째,

둘째,

셋째,

정리하기

1. 나에게 가장 오래된 친구는 누구인가?

2. 오래된 나의 친구와 우정을 유지하는 비결은 무엇인가?

3. 나는 친구에게 어떤 친구라는 말을 듣고 싶은가?

MEMO

Chapter

12

소통과 이성관계

학습목표

1. 사랑의 의미를 생각하고 삼각형 척도 검사를 통해 사랑의 구성요소를 이해한다.
2. 사랑의 발전 단계와 유지를 위한 전략을 이해하고, 이성 관계에서 나타나는 나의 행동을 탐색한다.

Warming-up

1. 내가 생각하는 이성과의 사랑이란 무엇인가?

2. 상대방(이성)을 사랑한다고 생각하는 순간은 언제인가?

3. 내가 이상적으로 생각하는 이성과의 사랑은 어떠한가?

1. 사랑의 의미

1) 사랑에 대한 이해

(1) 사랑의 개념

인간의 삶에서 사랑을 빼놓을 수는 없을 것이다. 사랑을 경험하게 되면 행복하기도 하며 때로는 고통스럽기도 하다. 많은 감정을 느끼도록 하는 것의 가장 중요한 요인이 사랑이라 할 수 있을 것이다.

국어 사전에서 사랑을 '아끼고 위하는 따뜻한 인정을 베푸는 일 또는 그 마음'이라고 정의한다. 하지만 꼭 사전적인 정의에만 국한할 수 없다. 사람마다 사랑의 정의를 다르게 생각할 수 있다.

2) 사랑의 삼각형 이론

(1) 사랑의 구성요소

사랑의 기본적인 구성요소와 사랑의 다양한 형태를 설명하는 이론이 스텐버그(Sternberg, 1986)가 주장한 사랑의 삼각형 이론이다.

스텐버그는 사랑이 친밀감, 열정, 헌신이라는 3가지 요소로 구성되어 있다고 주장한다. 친밀감은 가깝고 편하게 느낌, 서로를 잘 이해함, 함께 공유함, 원활한 의사소통, 긍정적인 지지 등을 의미한다. 친밀감은 사랑의 '따뜻한' 측면으로 사랑이 따뜻하고 푸근하게 느껴지는 것은 이러한 친밀감 때문이다. 친밀감은 사랑의 정서적 측면을 반영한다. 친밀감은 만남 횟수와 교제기간에 비례하여 서서히 증가한다. 그러나 친밀감은 어느 정도 이상의 높은 친밀수준에 이르면 더 이상 증가하지 않으며 서로 친밀하다는 것을 의식하지 않는 상태가 된다.

열정은 사랑의 동기적 측면으로 사랑의 '뜨거움'을 반영한다. 열정은 연인들을 생리적으로 흥분시켜 들뜨게 하고, 사랑하는 사람과 함께 있고 싶고 일체가 되고 싶은 강렬한 욕망을 불러일으킨다. 열정은 친밀감과 달리 급속히 발전하며 상대방을 처음 만난 순간부터 강렬한 열정을 느끼게 되기도 한다. 그러나 열정이 오래 지속되기 어렵다. 연인과의 교제 기간이 길어짐에 따라 열정의 강도는 감소하거나 다른 형태로 변화하는 것이 일반적이다.

헌신은 사랑의 '차가운' 측면을 반영하는 동시에 사랑의 인지적 측면을 나타낸다. 헌신은 상대방을 사랑하겠다는 결정과 행동적 표현을 의미한다. 헌신은 사랑하는 사람과의 사랑을 지키겠다는 선택이자 결정이며 책임의식이기도 하다. 사랑의 가장 대표적인 헌신행위는 약혼과 결혼이며 그밖에 사랑의 약속과 맹세, 사랑의 징표나 선물의 교환, 주변 사람들에게 연인을 소개하는 일, 연인과 함께 고통스러운 일을 돕고 견디는 일이 이에 해당한다.

(2) 사랑의 삼각형

사랑의 3가지 구성요소는 사랑 삼각형의 세 변을 구성한다. 각 변의 길이는 그 변이 대표하는 요소(친밀감, 열정, 헌신)의 정도나 강도를 의미한다.

친밀감, 열정, 헌신의 세 요소를 수량화하여 측정하는 일은 매우 어려운 일이다. 그러나 스텐버그는 사랑의 요소를 측정하기 위해 '사랑의 삼각형이론 척도'를 제작하였다. 현재 누군가와 애정관계를 맺고 있는 사람은 이 척도를 통해 상대방에 대한 사랑을 평가해 볼 수 있다.

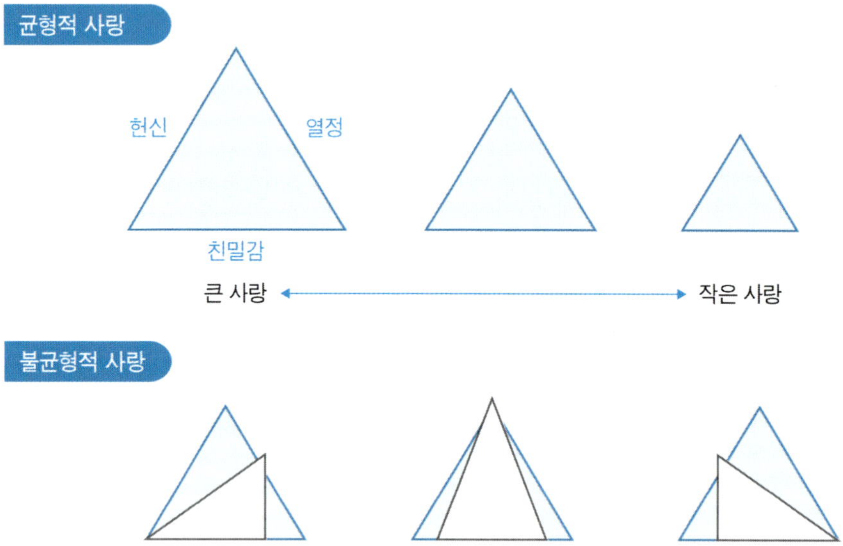

[그림 12-1] 사랑 삼각형의 다양한 모양과 크기

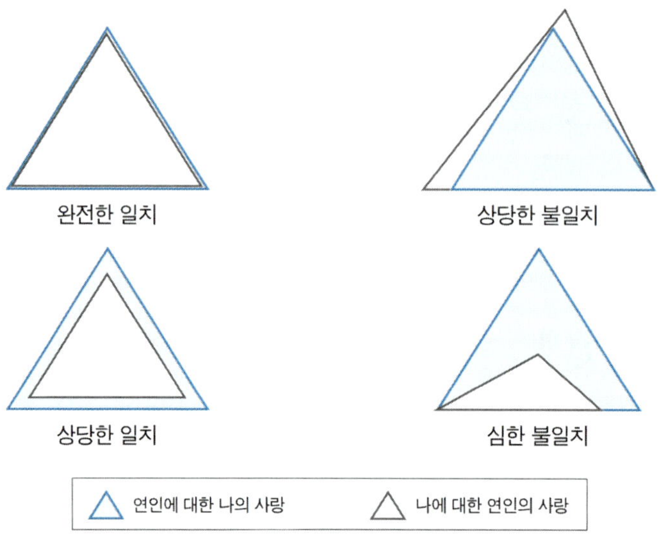

[그림 12-2] 사랑의 삼각형에 대한 연인 간의 비교

사랑하는 두 사람이 현재의 사랑에 대해서 각자의 삼각형을 만들 수 있다. 각자 만든 삼각형의 모양과 넓이에 의해서 서로에 대해 지니는 친밀감, 열정, 헌신의 정도를 평가해 볼 수 있다. 이러한 비교를 통해 서로에 대해 사랑의 어떤 요소를 강하게 경험하고 있는지 또는 어떤 요소가 부족한지 알 수 있다. 나아가서 두 사람이 각자 이상적으로 생각하는 사랑의 삼각형을 그려 볼 수도 있을 것이다. 서로가 이상적으로 추구하는 사랑의 형태가 어떤 것인지 또 이상적인 사랑의 형태에 있어서 두 사람 간에 어떤 차이가 있는지 알 수 있다. 서로 지향하는 사랑의 삼각형 모양이 다르면 갈등이 있는 이유에 대해서도 생각해 볼 수 있으며 대화를 통해 조정해 나갈 수도 있다. 사랑의 삼각형 모양만으로 사랑을 측정하는 것은 어렵고 위험할 수 있다. 다만 이러한 분석을 통해서 더욱 서로에게 만족스러운 사랑을 만들어 가기 위한 노력을 한다면 도움이 될 것이다.

MEMO

동 중에 사랑을 종결시키는 원인이 될 수 있는 행동에 대한 평가를 한다.

둘째, 양방적 인지 단계로 두 사람은 사랑을 끝내게 할 수 있는 어떤 실마리를 인지하고 이 문제로 상당한 시련을 경험한다. 현재의 관계 개선은 사랑을 유지하면서 갈등을 해결하는 방향으로 갈 것인지 끝낼 것인지를 결정해야 한다.

셋째, 사회적 단계로 사랑을 끝내기로 결정했으면 이제 사회적 적응을 위한 시도가 시작된다. 주위 사람들이 그들의 관계가 끝났다는 것을 알게 되는 시기이므로 종결에 대한 변명을 준비한다.

넷째, 정리 단계로 두 사람의 관계를 정신적으로나 육체적으로 완전히 끝내는 시기이다. 사랑이 실패한 이유를 자신이나 주위 사람들에게 일부러 설명하려고 하며, 새로운 사랑을 만들기 위해 준비가 이루어진다.

MEMO

3. 사랑의 유지

1) 성공적인 사랑

(1) 사랑의 유지를 위한 전략

사랑을 발전시키고 지속할 수 있는 방법에 대해서 많은 연구가 이루어지고 있다. 다음은 사랑을 유지하기 위해 몇 가지 내용을 살펴보기로 하자(정진선 · 문미란, 2008).

첫째, 사랑과 집착을 구분한다. 집착을 사랑이라고 여기고 있는 사람들은 상대방을 소유하고자 한다. 상대방의 사랑을 확인하기 위해 모든 시간과 정력을 소모할 뿐만 아니라 상대로부터 버림받지 않을까 하는 불안으로 항상 마음을 졸이게 된다. 이런 집착은 사랑이기보다 중독 현상으로 볼 수 있다. 상대방에 대한 집착을 버리고 순수한 애정을 갖는 것이 필요하다.

둘째, 동정과 사랑을 혼동하지 않는다. 약자에게 느껴지는 연민의 정을 사랑이라 착각하는 것인데 연민의 정으로만 사랑하는 것은 바람직하지 못하다. 진정한 사랑은 대등한 입장에서 가능하다. 내가 상대보다 나은 위치에서 베풀어주는 입장만 있다면 대등한 관계는 어렵다. 일방적으로 한쪽만 베풀고 다른 한쪽은 의지만 하면 건강한 사랑이 아니다.

셋째, 낭만적인 사랑을 너무 기대하지 않는다. 성인이 되어서도 백마 탄 왕자님을 꿈꾸는 사랑을 원하는 경우가 많다. 열정만 있는 사랑은 쉽게 달아오르지만 그만큼 쉽게 식어 버린다. 너무 낭만적인 사랑만 기대하기보다 현실적인 측면도 보아야 한다.

16. 나는 다른 사람보다도 그/그녀와 함께 있고 싶다.							
17. 이 세상에 그/그녀와의 관계보다 더 중요한 것은 없다.							
18. 나는 그/그녀와 신체적 접촉하는 것을 특히 좋아한다.							
19. 나는 그/그녀 없는 인생을 생각할 수 없다.							
20. 그/그녀와 나의 관계는 열정적이다.							
21. 그/그녀와의 관계를 지속하기 위해 최선을 다하고 있다.							
22. 그/그녀와의 관계가 흔들리지 않을 것임을 확신한다							
23. 그/그녀에 대한 나의 사랑은 평생 지속될 것이다.							
24. 그/그녀에 대한 나의 사랑은 확고하다.							
25. 그/그녀와 관계가 끝나는 것은 상상할 수도 없다							
26. 그/그녀와의 관계가 영원히 지속될 것이라고 생각한다.							
27. 그/그녀와 사귀기로 한 결정은 잘 한 것이다.							
28. 그/그녀에 대한 책임감을 느낀다.							
29. 그/그녀와의 관계를 지속할 작정이다.							
30. 그/그녀와 갈등이 생긴다 해도, 우리의 관계를 계속 유지할 것이다.							

	친밀감		열정		헌신
1~10번 합계		11~20번 합계		21~30번 합계	

2. 배우자 선택 기준

※ 아래의 3가지 질문에 나와 내 짝의 생각을 적어보자.

1. 배우자 선택 시 가장 중요한 조건은 무엇인가?

2. 내가 결혼을 결정할 때 상대방이 나에게 바라는 부분은 무엇이라고 생각하나?

3. 나는 심리적 · 정서적 · 육체적으로 건강한 사람인가? 만약 약한 부분이 있다면 무엇이라고 생각하는가?

문항	본인	상대방
1		
2		
3		

정리하기

※ 현재 자신의 이성관계를 생각하면서 말해 보거나 만약 이성관계 경험이 없다면 앞으로 어떤 사랑을 생각하는지 말해 보자.

1. 나는 사랑을 유지하기 위해 어떤 노력을 하는가? 또는 어떤 노력을 하겠는가?

2. 사랑의 삼각형 이론에서 사랑의 3가지 구성요소 중 내가 가장 중요하게 생각하는 요소는 무엇이며, 그 이유는 무엇인가?

3. 내가 원하는 1대1 데이트 계획(3개 이벤트)을 작성해 보자.
(짝을 정해 실습)
가능하다면 실제로 데이트를 하고 내용과 소회를 적어서 조원들과 공유해 보자.

4. 건전하고 아름다운 이성과의 사랑을 위해 서로가 지켜주어야 할 부분(예절, 매너)은 무엇이 있을까요?
예: 데이트폭력, 신체적인 사랑의 책임–올바른 피임법 등

Chapter

13

소통과 가족관계

학습목표

1. 가족의 특성과 기능에 대해 이해하고 우리 가족의 형태를 파악한다.
2. 가족관계를 증진하기 위한 효과적인 방법으로 소통한다.

Warming-up

1. 자신이 부모님과 닮은 점은 무엇인가?

2. 가족 중 가장 친밀한 가족구성원은 누구인가?

3. 건강한 가족관계는 어떠해야 한다고 생각하는가?

불안정 저항애착 유형의 아이들은 부모의 접촉시도에 저항한다. 부모가 있어도 잘 울고 부모가 떠나면 극심한 불안을 보인다. 이 유형의 아이를 둔 부모는 아이의 요구에 무감각하고 아이를 다루는 방식이 어색하지만, 화가 나 있거나 아이를 거부하는 행동을 보이지 않는다.

불안정 혼란애착 유형의 아이들은 불안정하며 저항과 회피 어느 애착 유형으로 분류되기 어려운 비일관된 반응을 보인다. 양육자와 분리될 때 불안해하기도 하고 무관심하기도 하고, 양육자와 재결합할 때 신체적 접근을 시도하기도 하고 무시하기도 한다.

보울비(Bowlby, 1969)는 인간의 애착행동 연구를 통해 어린 시절 어머니와의 애착관계가 성장 후 인간관계에 영향을 미친다고 보았다. 따라서 어린 시절 애착관계가 안정된 애착일 경우 성장 후 인간관계에서 상호신뢰를 바탕으로 하는 안정된 인간관계를 형성한다고 볼 수 있다. 나와 주양육자와의 애착형성이 어떠했는지 생각해 보면 지금의 인간관계에서 나는 어떤 어려움을 겪고 있는지 살펴볼 수 있을 것이다. 나의 애착관계가 안정된 애착이 아니라도 실망할 것은 없다. 다만 나의 인간관계 형성을 위해 보완해야 할 부분이 무엇인지 생각하여 도움이 되길 바란다.

Activity 13

1. 동물로 표현하는 우리 가족

〈예시〉 4인 가족 가계도 그리기

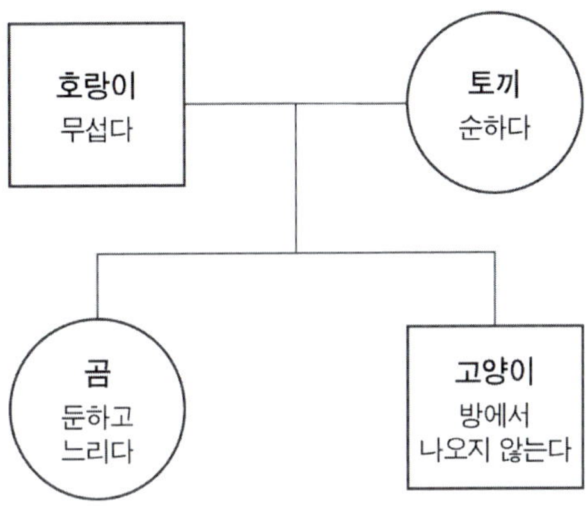

남자를 네모, 여자를 동그라미로 표현한다.

4인 가족은 일반적으로 아버지, 어머니, 첫째 딸, 둘째 아들이 가족구성원이다.

위와 같이 자신의 가족 가계도를 그려보고 가족구성원의 이미지에 알맞은 동물을 연상해 본다. 그리고 각 동물을 연상한 이유를 작성한다.

2. 부모님께 감사 편지 쓰기

TO

From

정리하기

1. 우리 가족이 건강한 가족이 되기 위해 내가 노력해야 하는 것은 무엇인가?

2. 가족구성원은 우리 가족에 대해 어떤 생각을 하고 있는지 물어보자.

3. 나-전달법을 활용해서 나의 생각과 감정을 전달해 보자.

Chapter

14

성과공유회

학습목표

1. 인성실천활동의 취지와 목적, 활동 내용을 정확하게 전달할 수 있으며 인성실천을 통해 느낀 점을 공유한다.

Warming-up

1. 인성실천활동을 조원들과 함께 진행하면서 즐겁고 재미있었던 것은 무엇인가?

2. 인성실천활동을 하기 전과 후로 팀이 어떻게 변화하였는가?

1. 인성실천활동

인성이 실력이다! 인성은 자신을 다스리고 관계를 조율하며 공동체와 환경, 공동선을 추구하며 나만이 아닌 우리가 함께 조화롭게 살아가기 위해 필수적인 것이다. 성격은 타고 태어난 성향이 강하지만 인성은 후천적으로 만들어갈 수 있는 품성으로 세상과 사람에 대한 태도, 자세, 가치관 등이 어떠한가에 따라 달라질 수 있다. 인성은 눈에 보이지 않으나 타인과의 상호작용이나 소통을 통해 구체화된다. 따라서, 인성실천활동을 통해 일상생활에서 자신의 인성을 함양하고 조원들 간의 소통과 협력을 통해 공동체 정신을 키우고 자신의 맡은 바 역할을 성실하고 책임감 있게 수행할 수 있도록 한다.

2. 인성실천활동 발표

한 학기 동안 열심히 준비하고 수행한 인성실천활동을 발표한다.

인성실천활동의 내용, 선택 이유, 목적과 필요성, 결과, 느낀 점 등 인성실천활동을 명확하고 생동감 있게 발표한다. 인성실천 활동내용에 대한 파워포인트(PPT)와 활동기간 동안 작성한 사진 및 동영상을 준비하여 발표한다. 인성실천활동을 발표한 후 나머지 조원들은 활동하며 느낀 점을 발표한다. 다른 조 발표 시 발표내용을 적극적으로 경청하며 인성실천활동에 대해 궁금한 점을 질문한다.

3. 인성실천활동 결과에 대한 평가기준

	평가항목
1.	인성캠페인을 계획한 대로 완성도 있게 수행하였는가?
2.	인성캠페인의 의도, 목적, 실행방법, 실행결과 등 보고서를 충실하고 명료하게 작성하였는가?
3.	인성캠페인 내용 및 결과를 정확하고 알기 쉽게 발표하였는가?
4.	인성캠페인을 수행할 때 조원 간 상호소통이 원활하였는가?
5.	인성캠페인 수행 시 현실적인 어려움이 있을 때 협력적으로 문제해결을 하였는가?

MEMO

Activity 14

1. 인성실천활동 성찰일지(개인용)

학생이름		학번		학부 · 학과 · 전공	

1. 인성실천활동명 및 주제
2. 인성실천활동의 필요성
3. 인성실천활동의 목적
4. 인성실천활동 일시 및 장소
▣ 활동일시: 년 월 일 ~ 년 월 일 ▣ 활동장소:
5. 구체적인 인성실천활동 진행 내용(줄 추가해서 사용)

수행일시	활동내용	수행방법

6. 자신의 인성실천활동 내용(줄 추가해서 사용)		
수행일시	**활동내용**	**수행방법**

7. 인성실천활동 결과(정량적 결과, 정성적 결과)
8. 인성실천활동 수행 시 내가 느낀 어려움
9. 내가 느낀 어려움을 극복한 방법
10. 조원들 간의 상호작용 방법 및 의사소통에 대한 평가
11. 인성실천활동 시 나의 행동 및 기여도에 대한 평가
12. 인성실천활동을 통해 내가 배운 점

13. 인성실천활동이 나 자신에게 미친 영향(예: 도덕성, 책임감, 자기긍정성, 의사소통 방식, 주변과 관계 맺기, 팀프로젝트 수행하기, 갈등관리 및 조정 등)
14. 인성실천활동 이후 인성실천 계획

2. 인성실천활동 결과보고서(조별용)

조 이름		결과보고서 작성자	
조원 이름	조장: 조원:		

1. 인성실천활동명 및 주제
2. 인성실천활동의 필요성

3. 인성실천활동의 목적

4. 인성실천활동 일시 및 장소
▣ 활동일시: 년 월 일 ~ 년 월 일 ▣ 활동장소:

5. 구체적인 인성실천활동 진행 내용(줄 추가해서 사용)

수행일시	활동내용	수행방법

6. 역할분담(줄 추가해서 사용)

역할분담을 나눈 방식		
담당자	활동에서 수행한 역할	수행방법

7. 인성실천활동 결과(정량적 결과, 정성적 결과)

8. 인성실천활동 수행 시 현실적인 어려움
9. 현실적인 어려움을 극복한 방법
10. 인성실천활동 시 조원들 간의 상호작용 방법 및 상호작용 정도
11. 조원 간 의견 차이가 있을 때 해결한 방법
12. 인성실천활동을 통해 우리 조가 배운 점
13. 인성실천활동이 조원들에게 미친 영향(예: 도덕성, 책임감, 자기긍정성, 의사소통방식, 주변과 관계 맺기, 팀프로젝트 수행하기, 갈등관리 및 조정 등)
14. 인성실천활동 이후 인성실천계획

정리하기

1. 다른 조의 인성실천활동 발표를 듣고 느낀 점은 무엇인지 공유한다.

2. 인성실천활동을 통해 배운 점, 느낀 점, 보완할 점, 향후 인성실천계획을 나눈다.

Chapter

15

마무리 성찰

학습목표

1. 그동안 배운 점, 느낀 점, 실천한 점, 향상된 점, 보완할 점 등을 공유하고 동료 및 자기 평가를 통해 인성과 소통의 향상 정도를 살펴본다.

Warming-up

1. 인성과 소통 수업내용을 돌아보며 배우고 느낀 것이 무엇인지 생각해 보자.

2. 인성과 소통 교과목을 통해 변화된 것이 무엇인지 생각해 보자.

1. 본 수업을 통해 배운 점

본 수업에 처음으로 수강하였을 때를 회상해 본다. 그때를 떠올려보면서 각자 수업에 대해 기대하고 원했던 목표가 현재 어떻게 달성되었는지를 평가해 본다. 이전에 나의 인성을 돌아볼 때 어떠한 점이 달라졌는지 점검해 본다. 특히 본 수업에 참여하면서 가장 인상 깊었거나 유익하고 도움이 되었던 활동이 무엇인지 생각해 보고 조원들과 나눔을 해 보자. 본 수업에서 가장 아쉬웠던 점은 무엇인지, 그리고 인성 함양을 위한 앞으로의 과제에 대해 생각해 보고 조원들과 나눔을 해 보자. 마지막으로 교수나 학교에 대한 바람과 건의 사항에 대해서도 공유해 보자. 다음은 본 수업에서의 목표를 설정한 첫 수업 시기와 수업 이후 현재 나의 수준, 그리고 앞으로의 과제를 점검하고 원하는 수준이 있는지를 생각하고 정리해 보자.

1) 목표설정 및 달성

수업 시작 나의 수준		현재 나의 수준		내가 원하는 수준
- 구체적인 목표	▶	- 달성 정도(1~10) 인성: 소통:	▶	- 앞으로의 과제

2. 마무리 및 평가

1) 동료평가

본 수업을 통해 인성 역량을 함양할 수 있도록 의사소통 및 대인관계 역량의 기술적인 측면을 보완하는 방향으로 평가 준거를 과정 중심의 수행평가과정으로 재구성해 본다. 팀 기반 프로젝트를 목적으로 실천한 인성 캠페인 활동에 대해 동료평가를 해 봄으로써 각자 인성 함양이 어떠한지 확인해 본다. 이를 위해 각 문항에서 해당하는 조원을 3명 골라 5점 1명, 4점 1명, 3점 1명씩 점수를 작성하도록 한다.

행동지표		조원1	조원2	조원3	조원4	조원5
이름						
자기 긍정성	1. 자신과 주변에 대해 긍정적으로 표현하였다.					
	2. 과제 수행 시 어려움에 직면했을 때 적극적으로 해결하려고 한다.					
도덕성	3. 팀 내에서 역할을 공평하게 맡으려 하였다.					
	4. 각자의 역할을 정직하게 수행하였다.					
	5. 타인의 의견을 존중하였다.					
책임감	6. 각자에게 주어진 일을 남에게 미루지 않고 최선을 다해서 수행하였다.					
	7. 최고의 결과를 이루기 위해 적극적으로 과제를 수행하였다.					
자기 표현	8. 온/오프라인 상호작용(예: 카카오톡) 시 적극적으로 의사소통하였다.					
	9. 말과 표정(언어적 · 비언어적 메시지)을 일치하여 진정성 있게 전달하였다.					
이해와 공감	10. 상대방이 말할 때 적극적으로 경청하였다.					
	11. 대화할 때 상대의 욕구와 감정을 확인하며 소통하였다.					

행동지표		조원1	조원2	조원3	조원4	조원5
이름						
조정과 협력	12. 조원 간 의견이 다른 갈등 상황에서 나와 상대방의 욕구를 모두 충족시킬 수 있는 협력적인 문제해결을 하였다.					

2) 자기평가

본 수업을 통해 인성과 소통 핵심 역량 개발에 대한 자신의 노력과 팀 프로젝트에 기여한 점을 스스로 점검하고 앞으로의 개선 방안을 모색해 본다.

MEMO

Activity 15

1. 본 수업에서 핵심역량 및 핵심덕목(인성: 자기긍정성, 도덕성, 책임감 / 소통: 자기표현, 이해와 공감, 조정과 협력)을 고취시킨 활동이 무엇이었는지 설명해 보자.

- 팀원 간 역할 분담이 공평하게 이루어졌는가?
- 인성캠페인의 의도, 목적, 실행방법 등이 계획서에 명확하게 기술되었는가?

2. 인성과 소통 수업을 통해 성장하거나 변화된 것은 무엇인지 설명해 보자.

- 자신에게 긍정적인 영향이 된 점은 무엇인가?
- 긍정적인 마음가짐과 태도를 가지게 했던 활동은 무엇인가?

정리하기

1. 어떤 일을 서로 협력하여 잘 지냈던 경험을 떠올려보고 그 일을 통해 배운 것이 무엇인지 생각해 보자.

2. 공동체 안에서의 인성실천 시 자신이 노력해야 하는 것이 무엇인지 생각해 보자.

참고문헌

강문희, 이광자, 박경(2003). 인간관계의 이해. 서울: 학지사.

강영진(2009). 갈등해결의 지혜. 서울: 일빛.

권석만(2004). 젊은이를 위한 인간관계의 심리학. 서울: 학지사.

권석만(2018). 젊은이를 위한 인간관계의 심리학. 서울: 학지사.

김경숙, 김효창, 이인숙(2021). 인간관계 심리학. 서울: 마인드포럼.

김양현, 노영란, 변순용, 임채광(2005). 책임 개념에 대한 실천윤리적 해명. 범한철학, 39, 291-328.

김종운(2011). 만남 그리고 성장을 위한 인간관계 심리학. 서울: 학지사.

김종운(2017). 만남 그리고 성장을 위한 인간관계 심리학(2판). 서울: 학지사. (2018년은 검색 안 됨 / 2017년이 가장 최신)

김종운(2021). 만남 그리고 성장을 위한 인간관계 심리학. 서울: 학지사.

김중술(2007). 사랑의 의미. 서울: 서울대학교 출판부.

김혜숙, 박선환, 박숙희, 이주희, 정미경(2008). 인간관계론. 경기: 양서원.

마이클 샌델(2012). 돈으로 살 수 없는 것들. 안기순(번역). 와이즈베리.

박현숙(2014). 대학생의 선택적 자원봉사활동 참여에 따른 도덕성과 직업가치관 형성. 단국대학교 박사학위논문.

손경원, 엄상현(2019). 대학생의 인성의 발달적 특징과 영향 요인. 윤리교육 연구, 제52집, 199-252.

송병국(2000). 학교교육에서의 직업기초능력 함양 방안. 인문과학논총, 제9집, 45-72.

숙명여자대학교 역량개발센터(2012). 환영받는 인재. 서울: 시그마프레스.

숙명여자대학교 역량개발센터(2012). 희망이 되는 인재. 서울: 시그마프레스.

유영주, 김순옥, 김경신(2000). 가족관계학. 서울: 신광출판사.

윤홍균(2018). 자존감 수업. 경기: 심플라이프.

이웅진(2008). 이웅진의 해석남녀: 행복한 결혼을 위한 필독서. 서울: Bookin.

이정렬(2009). 도덕적 인격 형성을 위한 도덕적 정체성의 발달과 도덕교육적 함의. 서울대학교 박사학위논문.

이주희, 최은정, 최명선, 박희연, 진혜경(2008). 인간관계론. 경기: 공동체.

이지혜, 문용린(2011). 도덕성 발달 연구를 위한 역량중심 접근의 개념화. 한국인간발달학회, 인간발달연구, 18(2), 227-254.

이태연(2013). 인간관계 심리학. 서울: 신정.

장성화(2012). 쉽게 풀어 쓴 인간관계론. 서울: 동문사

정주진(2016). **갈등은 기회다: 일상의 갈등해결 솔루션**. 경기: 개마고원.

정진선, 문미란(2005). **인간관계의 심리 이론과 실제**. 서울: 시그마프레스.

지희진(2019). **인성과 공동체 의식함양**. 경기: 양성원, 183-185.

차동관, 김국현(2000). **한국사회와 시민윤리**. 대구: 정림사, 23-26.

천성문, 박은아, 안세지, 문정희, 선혜민, 전은주, 윤정훈, 박선우(2019). **인간관계와 정신건강**. 서울: 학지사.

Altman, I.,& Taylor, D.(1973). *Social Penetration: The Development of Interpersonal Relationships*. New York: Holt, Rinehart and Winston.

Ellenson, A.(1982). *Human Relations*. New Jersey: Prentice-Hall.

Baumrind, O.(1967). *Child Care Practices Anteceding Three Patterns of Preschool Behavior*. Genetic Psychology Monograph.

Berndt, T. J.(1986). *Sharing Between Friends: Contexts and Consequences*. In E. C. Mueller & C. R. Cooper (Eds.), Process and outcome in peer relationships. New York: Academic Press.

Bowlby, J.(1969). *Attachment and Loss: Attachment*. New York: McGraw-Hill.

Dreikurs, R., Corsini, R., & Gould, S.(1974). *Family Counsel*. Chicago: Henry Regnery Co.

Fogler, H. S., & LeBlance, S. E.(2000). **창의적 문제해결 전략**. 김인원(번역). 서울: 아진.

Huston, T., & Levinger, G.(1978). Interpersonal attraction and relationships. In M. Rosenzwig & K. Porter (Eds.), *Annual Review of Psychology* (Vol. *29*). Palo Alto, CA: Annual Review.

Jonas, H.(1979). *Prinzip Verantwortung*. 이진우 역(1994). **책임의 원칙**. 서울: 서광사.

Lewin, K.(1935). *A Dynamic Theory of Personality*. McGraw-Hill.

Lythans, F.(1981). *Organizational Behaviour*. New York: McGraw Hill Book Company.

McMillan, D. W., & Chavis, D. M.(1986). Sense of community: A definition and theory. *Journal of Community Psychology, 14*(1), 6-23.

Moore, C. W.(2003). *The Mediation Process: Practical Strategies for Resolving Conflict* (3rd ed.). CA: John Wiley & Sons.

Murnighan, J. K., Kim, J. W., & Metzger, A. R.(1993). The volunteer dilemma, *Administrative Science Quarterly, 38*, 515-538.

O'Connor, J., & Seymour, J.(1990). *Introducing Neuro-Linguistic Programming*. London: Thorsons.

Sternberg, R. J.(1998). *Cupid's arrow: The course of love through time*. New York: Cambridge University Press.

Thomas, K. W.(1976). *Conflict and conflict management*. In M. D. Dunnette (Ed.), Handbook in industrial and organizational psychology (pp. 889-935). Chicago: Rand McNally.

Warren, N. C.(1992). *Finding the love your life*. Colorado Spring. Focus on Family Publishing.

찾아보기

저 / 자 / 소 / 개 [가나다순 기재]

▪ 엄영란

중부대학교 학생성장교양학부 강사
한남대학교 기독교상담학과 박사수료

▪ 오효정

중부대학교 학생상담센터 연구교수
숙명여자대학교 교육학과 박사

▪ 이영선

중부대학교 학생성장교양학부 조교수
고려대학교 심리학과 박사

▪ 지희진

중부대학교 학생성장교양학부 부교수
숭실대학교 경영학과 박사

인성과 소통

1판 1쇄 발행 — 2022년 3월 7일
1판 2쇄 발행 — 2023년 2월 10일

저　　자 – 엄영란 오효정 이영선 지희진
발 행 인 – 강철원
발 행 처 – 양성원
주　　소 – 경기도 파주시 검산로 173번길 29-12
전　　화 – 031-946-3861(代)
팩　　스 – 031-946-3864
이 메 일 – tnwpub@naver.com
홈페이지 – tnwpub.co.kr
출판등록 – 2015년 8월 31일 제2015-000211호

ISBN 979-11-6126-435-6

정가 19,000원